不安解消！出所者支援

―わたしたちにできること

掛川直之 編著

旬報社

はじめに

本書は、矯正施設等を出所した、いわゆる「出所者」に関して生じる様々な「不安」に焦点をあてている。この「不安」は、矯正施設等から出所してくる際に抱く当事者の不安はもちろん、その支援にあたるソーシャルワーカーの不安や、かれらと地域でともに暮らしていく多様な人びとの不安を対象としている。一般に、「出所者」(「ムショ帰り」や「前科持ち」「刑余者」など)と聞くと、多くの人びとがたじろいでしまうのも無理もないことである。たしかに、前科一〇犯などときくと、「どんな凶悪な極悪人がやってくるのだろう」と身構えたとしても何の不思議もない。しかし、少し立ち止まって冷静に考えてみればわかることだが、刑期の長い凶悪犯がそうそう何度もくり返し刑務所に入ることはあまり想定できない。その実、万引きをはじめとする窃盗であったり、食い逃げなどの詐欺であったり、一つひとつの罪は軽微なものであっても、積み重なることによって、貧困・社会的排除のスパイラルからの出口がみえなくなってしまった人びとが多いのではないだろうか(もちろん、必ずしも軽微な犯罪だけではない)。支援に携わるソーシャルワーカーといえど、その実態を知ることがなければなんとなく恐怖心を感じてしまうということは、ある種当然のことだ。

だがしかし、現実には、刑務所に収容されている少なくない数の受刑者が、本来、福祉的な支援を必要としていた人びとで占められている。皮肉なことにかれらのなかには、刑務所という刑の執行機関に収容されて、はじめて福祉の対象であったことを認識された人びとも含まれているのである。

そこで本書では、まず、出所者をとりまく現実がどのようなものであるかということについて、公式統計を紐解きながらていねいにおさえていくことで、様々な「不安」の背景にある現実に目を向けていただく。次いで、これから出所者支援に取り組もうと考えている、あるいは支援の必要性は感じながらも一歩踏み出せないでいるソーシャルワーカーに向けて、刑事司法手続きの流れと、矯正施設——とくに刑務所——や刑罰についてのイメージをつかんでいただけるように解説をくわえる。さらに、出所当事者、支援者、不動産業者、雇用主、と当事者を含めた地域でともに暮らしていく人びとの「不安」や「課題」に着目して、その解消に向けた「見方」を提示する。そのうえで、ソーシャルワーカーが刑事司法の専門家と「連携」をとっていくなかで、「何をお願いできるのか」ということをおさえていく。そうして最後に、ソーシャルワーカーが出所者支援に取り組むうえでもっていなければならない倫理と価値、役割について再確認していただく。「不安」の原因はたいてい「わからなさ」や「心細さ」にある。実態を「知る」ことで「落ち着く」ことは少なくないのではないだろうか。こうしたなかで、かたちのない、目には見えない漠然とした出所者に対する「不安」を少しずつ解消していき、わたしたちにできることを模索していこう、というのが本書のねらいとなる。

ここで本書を手にとっていただき、これから出所者支援に取り組もうと考えられているみなさんに注意していただきたいことがある。熱心なソーシャルワーカーであればあるほど刑事司法の知識をきちんと学ぼうとする。その姿勢は、言うまでもなくすばらしいことだ。だが、知識と経験とが蓄積していくと、ソーシャルワーカーが刑事司法の専門職になったような気になってしまうことがあるように思える。その逆も然りである。もちろん刑事司法と福祉との専門職が「連携」を進めていくなかで、お互いの領域の大まかな流れやポイントをおさえておくことは重要だ。しかしながら、すべてを自分でわかろうとする必要はない。お互いの専門性を尊重したうえで、わからないことはわからないと頼り合える関係をつくっていくなかでこそ「対等」な関係を築けるのではないだろうか。したがって、本書で伝えようとしているのは、ソーシャルワーカーが出所者支援に取り組むうえで直面する「不安」を解消するために最低限知っておくべきポイントに限定されている。

最後に、本書の刊行を引き受けてくださった旬報社、および担当編集者の真田聡一郎さんに感謝しなければならない。真田さんは、本書の編集作業のなかで、専門書の編集者の仕事が、出所者支援におけるソーシャルワーカーのそれと似ている、ということに気づかせてくださった。出所者支援におけるソーシャルワーカーは、出所者にそっと寄り添い、ときにあたたかく、ときに厳しく伴走することが求められる。本書の刊行にあたって、真田さんは、優秀な出所者支援のソーシャルワーカーであるかのように、見事にわたしたちにそっと寄り添い、伴走するなかで、その考えを具現化することへの助力を決して惜しむことはなかった。

現在、出所者支援という領域はいまだ黎明期にあるといわざるをえない。脱・出所者支援という次なるステージを念頭に、まずは出所者支援という領域を確立していかなければならない。本書がそのための第一歩となることを願うとともに、出所者支援に取り組む人たちの様々な「不安」を少しでも解消し、福祉的な支援が必要な人たちに、必要な支援が行われるきっかけになることを期待してやまない。

二〇一八年八月六日　出所者支援を議論できる平和な日本を希求して

掛川　直之

第Ⅱ部 不安を解消するための担い手の役割

第I部

出所者支援につきまとう不安

序章

出所者支援の不安を語る前に

我藤 諭 龍谷大学矯正・保護総合センター嘱託研究員

1 問題意識

出所者を支援するために「支援者の」不安を解消するとはどういうことだろうか。

人は誰しも、よく知らない、かかわったことがないという相手に対して不安を抱いてしまう。その不安に大きくかられると、何かよくないことが起こるのではないかと心配だけを募らせてしまい、人間関係を築いていくことを躊躇してしまう。出所者支援にも同じことが言える。

出所者を支援することが容易ではないことは、支援者たちの共通認識であろう。けれども、漠然とした必要のない不安にかられるのではなく、現実的な対応の難しさに挑んでいるという共通認識を持つことから始めることによって支援者の不安を解消することにつながるのではないだろうか。

そこで本章では、どのような出所者を支援の対象としているのかという「出所者支援の対象者理解」を目的として、刑務所にいる高齢者と知的障がい者の特徴をデータから紹介する。そのうえで、私たちがどのような「現実的対応の難しさ」に挑んでいるのかを考えたい。罪を犯した高齢者と知的障がい者の支援については、「居住支援としての居場所支援」と「出番を作るという意味での就労支援」が重要だとされている。ただし、物理的な建物としての居場所、日中の過ごし方としての就労は、支援のゴールではなく支援のスタートではないかという問題意識を持ちながら、今後の出所者支援における、余暇の過ごし方、さらに新しい人間関係の構築をも含めた暮らしの支援のありようを考えたい。

2 刑事司法と福祉の事始め

一九四八年から二〇〇六年九月までの確定判決に関する犯歴データから一〇〇万人のデータを無作為抽出し、再犯の調査を行ったところ、初犯者は約七割で、再犯者は約三割にとどまっていた。しかし、その再犯者によって、犯罪の約六割が行われているということが統計的に明らかになり、再犯防止が日本の刑事政策の重点課題となった（『平成一九年版 犯罪白書』）。そして、その再犯防止の担い手として期待される分野の一つに社会福祉がある。

二〇〇九年五月一一日に「地域生活定着促進事業実施要領」が発出され、二〇一一年度まで各都道府県に地域生活定着支援センター（以下、支援センターという）が設置された。この支援センターは、保護観察所の依頼にもとづき矯正施設を出所する、高齢あるいは障がいがある等の要件を満たした者に対して、社会福祉施設等の受入や福祉サービスの調整を実施したり、受け入れた施設への助言や支援内容の協議を実施したりする。このような機能は、日本の刑事政策の変化を示唆するものであり、初めて刑事司法と福祉が手を結んだものであった。

出所者に対して、社会福祉による支援が必要であると認識されるきっかけとなったものに、秘書給与詐欺事件で受刑した経験のある山本譲司がみずからの受刑生活を著した『獄窓記』（ポプラ社、二〇〇三年）がある。このなかで、同じ受刑者のなかに障がいを有している高齢受刑者が多数収容されており、自分の身の回りのこともできない受刑者が刑務所のなかで暮らしていることに衝撃を受けたという。そして、この著書によって、刑務所の中の実態のある一面が初めて世に知られることとなった。

その後、社会福祉法人南高愛隣会と法務省が共同して、知的障がいを有する受刑者の調査を実施した[1]（田島 二〇〇八）。この調査の結果、知的障がいを有すると判定された受刑者四一〇名のうち療育手帳を所持していたのは二六名（六・三％）だけであったことが明らかになる。そして、犯罪傾向が進んでいる者が入所する刑務所で受刑していた者の刑務所への平均入所回数は六・七五回、入所回数が五回以上の者は五四・四％いた。さらに、調査時の受刑回数が二回目以上の受刑者二八五名の前回出所時の状況をみると、八割の者が満期出所であった。そして、前回出所してから再度刑務所に入所するまでの期間をみると、三二・三％の者が三ヶ月以内、六〇％の者が一年未満で再度入所していた。先の山本の著書には、次のような障がいを有する受刑者の言葉がある。「外に出たって、俺みたいな前科者の障害者を雇ってくれるところなんてないよ。たぶん、俺、また刑務所に戻ってくることになると思うな」（山本 二〇〇三：一九七）。共同調査によって、この言葉が持つ意味が数値として示されたのである。

3 福祉の支援者の困惑

高齢あるいは障がいがある満期出所者のうち、身元引受人がおらず、社会福祉サービスの利用に同意した者が特別調整対象者となり、支援センターが出所後の居住地や社会福祉サービスの調整を行う。特別調整の運用状況は、**図序―①**に示すとおりである。特別調整の終結人員は、年間約六〇〇人から約七〇〇人へと移行している。ただし、終結人員には、特別調整の希望を取り下げた者や死亡した者も含んでいる。二〇一六年の終結人員の内訳は、高齢者三七七人、知的障がい者二三四人、精神障がい者二〇七人、身体障がい者一〇三人であった（重複計上あり）。また、特別調整の結果、福祉施設等につながった人員は約四七〇人前後で推移している。これは、満期出所者のうち約五％、特別調整終結人員のうち約六五％の者が福祉施設等につながったということである。

これまで社会福祉の網の目からこぼれ落ちてしまい、刑務所を行き来していた人びとが、社会福祉サービス等を利用することで、犯罪とかかわらない生活を送ることができるのは非常に重要なことである。しかし、福祉の現場では、特別調整が公的な制度にもとづいているとはいえ、支援センターや刑務所から「元受刑者の受け入れをお願いします」とやって来られることには依然として困惑がある。

たとえば、全国の支援センターを対象とした調査（浜井ほか 二〇一六）では、相談員のほとんどが調整業務にあたる際に受け入れ先がない等といった調整の難しさを感じていることが示されている。それは、相談員たちが受け入れ先の福祉施設等を調整する際に、依頼先の福祉施設担当者の抵抗を感じているということに表れている。抵抗感を感じる理由として、調整の際に先方から「そういう方は受け入れらない」とか「他の利用者とトラブルを起こすのでは」とか「再び犯罪をするのでは」という反応を示されることが挙げられている。依頼された福祉

図序―①　特別調整終結人員と福祉施設等につながった人員の推移

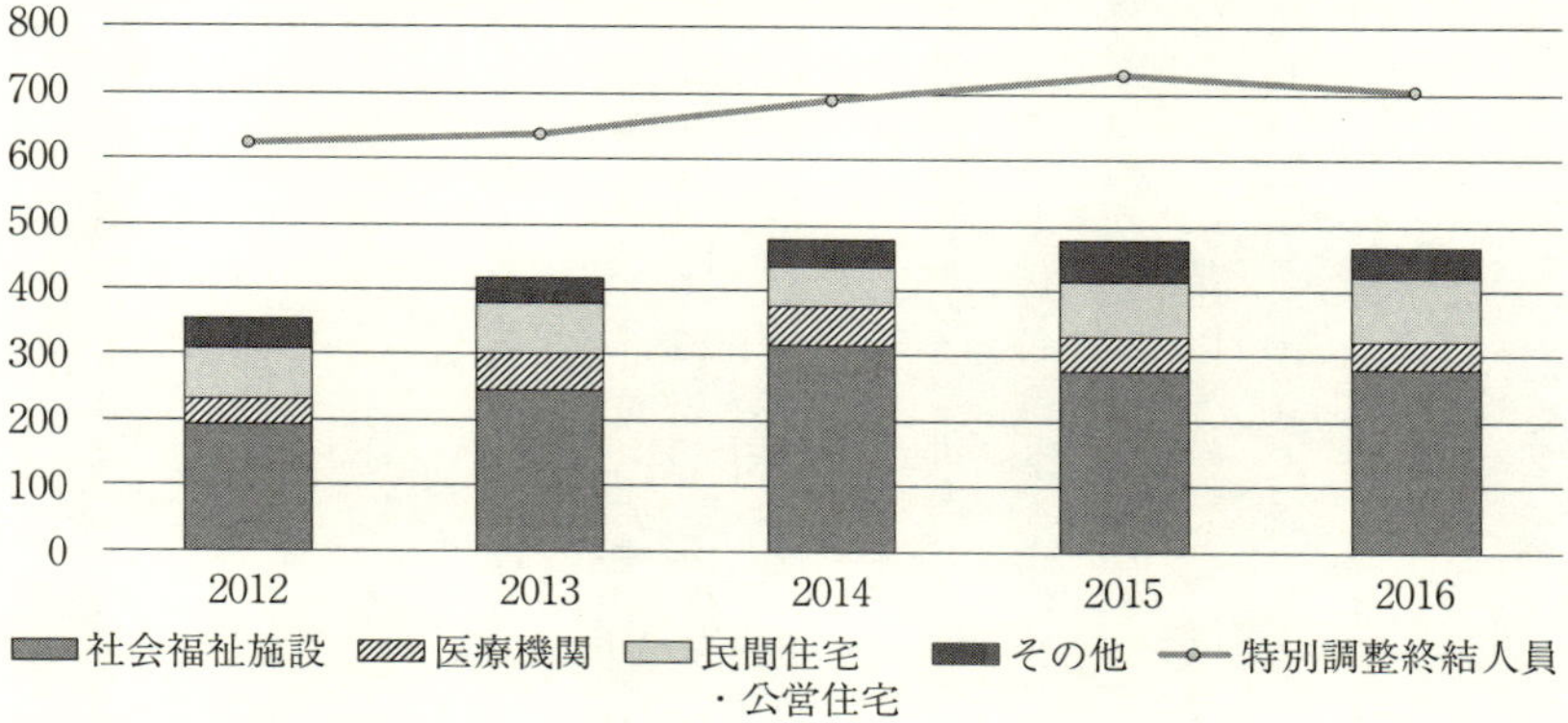

出典：『平成29年版 犯罪白書』。

施設からすれば、元受刑者という人がどんな人なのかわからない、あるいはどのように支援すればいいのかわからないということではないだろうか。

社会福祉の現場にとっては、なじみのない特性を持つ利用者、罪を犯したことのある利用者に福祉サービスを展開することへの不安が高いことがよくわかる。しかしながら、これまで社会福祉が罪を犯した人にかかわってこなかったかと言えばそうではない。利用者のなかには受刑経験のある者や、サービス利用中に罪を犯してしまう者もいるだろう。そのようなときには、その対象者に「利用者」としてかかわっているため、漠然とした不安よりも、現実的な対応に日々向き合うことになる。そこには、利用者の生活背景を理解しようとしながら、具体的なこれからの暮らしのありようを考えようとするソーシャルワークの視点がある。そうだとすると、出所者として出会う、元・高齢受刑者や知的障がいを有する受刑者とはどのような背景を持った人であるかを理解しようとすることが、支援者の漠然とした不安を減少させることにつながるだろう。そこで、次に高齢受刑者や知的障がいを有する受刑者とはどのような人たちなのかを知る手がかりをみていきたい。

4　刑務所にいる高齢者や知的障がい者

高齢受刑者や知的障がいを有する受刑者とはどのような人たちなのだろうか。ここでは個々の姿ではなく、調査等から刑務所にいる高齢者や知的障がい者の全体像をみていく。

◉罪を犯した高齢者

日本は、一九七〇年に高齢化社会の基準となる総人口に占める高齢者の割合が七%を超え、二〇一六年には二七・三%となり、世界でも類をみない高齢化社会となっている。高齢化社会の影響は犯罪動向にも及んでおり、『平成二二年版　犯罪白書』から各種犯罪者の動向と処遇にその項目が盛り込まれた。このことは、日本の犯罪動向において、高齢者という存在が際立ってきたことを表している。

まず、**図序—②**は、刑法犯における年齢層別の検挙人員の推移をみたものである。二〇〇八年まで、検挙された六五歳以上の者（以下、高齢者とする）は増え続けていたが、それ以降は高止まりの状況にある。他の年齢層の検挙人員が減少しているなか、六五歳以上では減少傾向はまだみられない。その結果、年齢層別の検挙人員では、二〇一五年以降高齢者が最も多く、二〇一六年に検挙された刑法犯のうち五人に一人が高齢者となった。とくに七〇歳以上の検挙人員の増加が著しく、一九八五年から二〇一六年のあいだに約六倍になっている。ただし、人口一〇万人あたりの二〇一六年の検挙人員でみると、二〇歳未満が四四四・六人で最も多く、高齢者は最も少ない一三五・八人である。

高齢者の罪名で最も多いのは、「窃盗」のうち万引きである。二〇一六年の刑法犯の高齢者の検挙人員の罪名別

図序―②　刑法犯　年齢層別検挙人員の推移

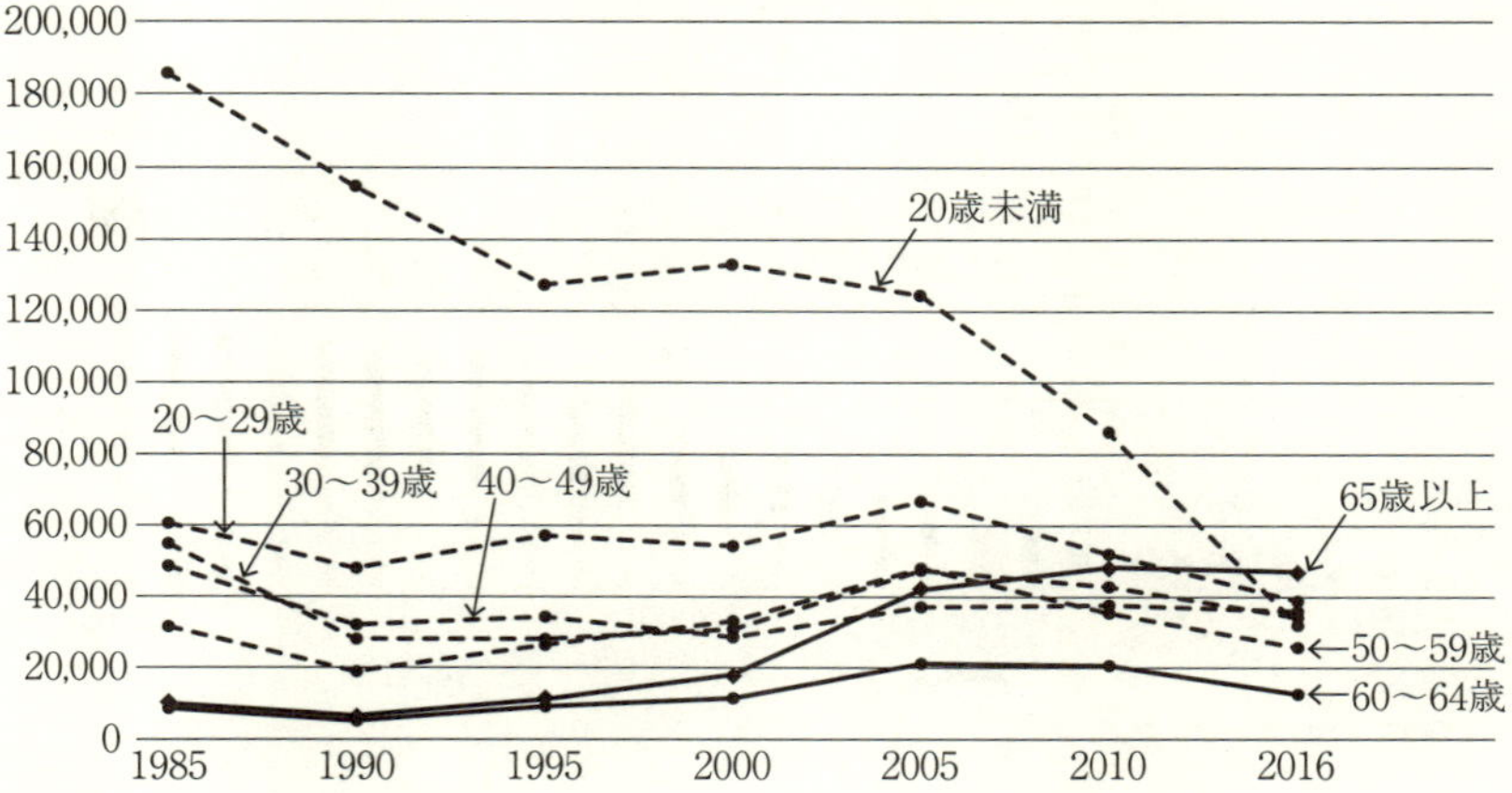

出典：『平成29年版 犯罪白書』。

の構成比をみると、約五七％が万引きで検挙されており、他の年齢層と比べると万引きで検挙された者の割合が高い。これを男女別にみると、男性高齢者では万引きで検挙された者は約四六％であるのに対して、女性高齢者では約八〇％にのぼる。男性高齢者では万引きに次いで多いのが「暴行」で、約一二％である。高齢者の検挙人員でみると、「窃盗」は高止まり傾向にあるが、「暴行」や「傷害」については増加傾向にある。

二〇一六年に刑務所に新しく入所してくる受刑者のうち高齢者は二四九八人で、新受刑者の約一二％を占めている。刑務所への入所回数を表す入所度数でみると、一九九一年では最も多いのは六度以上の者が一八九九人で、高齢者のうち約七〇％を占めていた。その後、一度目の者や二～五度目の者が増え始めているものの、二〇一六年においても六度以上の者が九二二人で高齢者のうち約三六％を占めており、再入所してくる高齢者の増加傾向が止まっていない。

法務総合研究所の調査（二〇一七年）によれば、二〇一五年の高齢入所受刑者の就労状況は、有職者の割合は男性では一五・一％、女性では八・五％であった。住居不定の者の割合は男性では二二・六％、女性では四・六％であった。また、婚姻状況では、男性では「離別」が約四八％と最も多く、「未婚」は約二五％である。女性では「離

図序―③　高齢者の入所受刑者人員（入所度数別）・高齢者率の推移

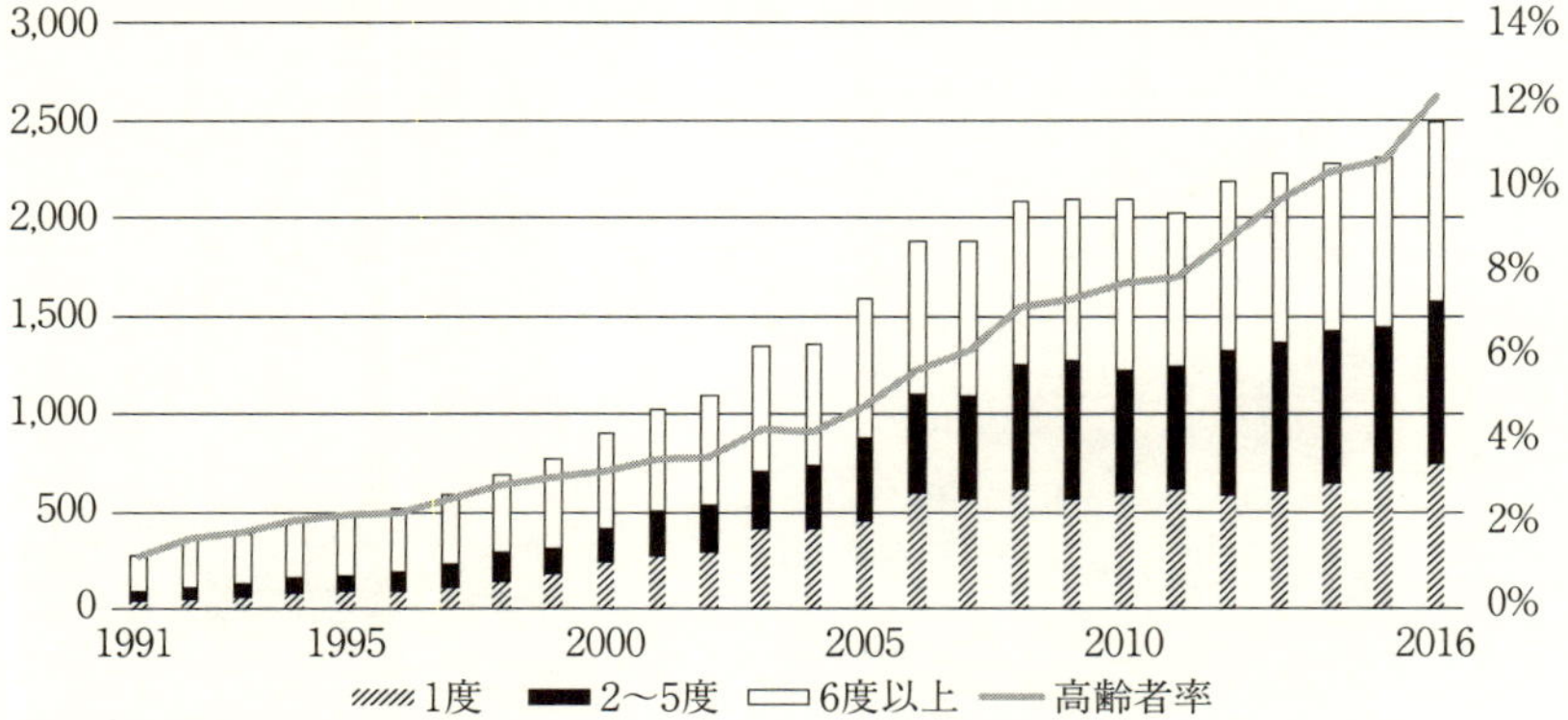

出典：『平成29年版 犯罪白書』。

別」と「死別」がそれぞれ約三〇%であった。「配偶者あり」は男性では二二%、女性では約三三%であった。また、仮釈放時に親族の元に帰るのは男性では約四三%、女性では約七一%となっているが、満期釈放となると、男性は約一七%、女性は約四一%となり、男性では帰住先が不明などの「その他」が約六三%となる。

刑務所における高齢化とともに、受刑中に死亡する高齢受刑者が増加している。一九九一年に刑務所で死亡した高齢受刑者は八四人で、全死亡者に占める割合は約三〇%であったが、二〇一六年には一六五人が刑務所の中で死亡しており、全死亡者に占める割合は六〇%にも達する。また、法務省矯正局が二〇一六年に実施した認知症傾向にある受刑者の概数調査によると、全国の刑務所に認知症傾向がある高齢受刑者は約一七%（一一〇〇人）いると推計されている。

また、罪を犯した高齢者は、家族とのかかわりが少ないことが明らかになっている。警察庁等の高齢犯罪者の犯罪要因に関する調査（二〇一三年）によると、罪を犯した高齢者は全般的に一人暮らしの割合が高い。また、別居している子どもとの接触頻度は非常に少ない。一般的に別居している子どもとの接触頻度がほとんどない高齢者は約二%ほどであるが、罪を犯した高齢者となると、約四〇～六〇%になっている。

⦿罪を犯した知的障がい者

高齢犯罪者の問題とは異なり、知的障がいがある犯罪者は古くから刑務所に収容されていた。しかし、彼らの存在が注目されることはなく、先述した山本の著書や社会福祉法人南高愛隣会と法務省の共同調査まで待たなければならなかった。

その後二〇一二年に、全国七七ヶ所の刑務所および少年刑務所を対象に調査が実施された（法務総合研究所 二〇一三）。

この調査では、調査期間に入所した知的障がいを有する受刑者[2]（以下、調査対象者とする。）五四八人の特性について明らかにしている。**表序—①**は、調査対象者のCAPAS[3]能力検査値と、WAIS[4]等の個別知能検査値を示したものである。CAPAS検査能力値は、同時期に入所した知的障がいを有しない受刑者の平均値は八〇・一に対して、調査対象者の平均値は五五・〇であった。個別能力検査値では調査対象者の平均値は五七・六であった。知的障がいの水準でみると、軽度知的障がいが七七・九％、中度知的障がいが一五・五％であったが、重度知的障がいおよび最重度知的障がいはいなかった。

年齢層では、二〇歳から五〇歳で約八〇％を占める（**表序—②**参照）。罪名では「窃盗」（二八九人、五二・七％）が最も多く、そのうちの半数は万引きである。次いで多かったのは、「詐欺」（三九人、七・一％）、「覚せい剤取締法」（三一人、五・七％）であった。刑務所への入所が何回目かを示す入所度数では、約四〇％の者が一度目であるが、残りの約六〇％は複数回に入所している（**表序—③**参照）。

また、療育手帳を所持していたのは一六五人（三〇・一％）で、各種福祉サービスを受けたことがある者は二二九人（四一・八％）であった。刑事施設入所前の居所については、「自宅」（三〇八人、五六・二％）が最も多

表序―① 知的障がい受刑者のCAPAS能力検査値、個別知能検査IQ値

区分	人員（構成比）			
	CAPAS能力値		個別検査値	
29以下	8	(1.5%)	0	(0.0%)
30～34	27	(4.9%)	0	(0.0%)
35～39	28	(5.1%)	1	(0.3%)
40～44	42	(7.7%)	10	(2.8%)
45～49	65	(11.9%)	43	(12.2%)
50～54	71	(13.0%)	77	(21.8%)
55～59	93	(17.0%)	91	(25.8%)
60～64	74	(13.5%)	70	(19.8%)
65～69	68	(12.4%)	33	(9.3%)
70～74	26	(4.7%)	13	(3.7%)
75～79	15	(2.7%)	4	(1.1%)
80～84	6	(1.1%)	6	(1.7%)
85～89	2	(0.4%)	0	(0.0%)
90以上	2	(0.4%)	0	(0.0%)
検査不能	21	(3.8%)	5	(1.4%)
総　数	548	(100.0%)	353	(100.0%)
最小値	25		39	
最大値	96		83	
平均値	55		57.6	
標準偏差	12.1		7.9	

出典：法務総合研究所（2013）。

表序―② 知的障がい受刑者の入所時の年齢

区分	総 人 員	（構成比）	再入人員	（構成比）
19歳以下	1	(0.2%)	33	(10.1%)
20～29歳	104	(19.0%)		
30～39歳	118	(21.5%)	68	(20.9%)
40～49歳	121	(22.1%)	77	(23.6%)
50～59歳	98	(17.9%)	65	(19.9%)
60～64歳	52	(9.5%)	37	(11.3%)
65～69歳	27	(4.9%)	46	(14.1%)
70～74歳	12	(2.2%)		
75～79歳	14	(2.6%)		
80歳以上	1	(0.2%)		
総　数	548	(100.0%)	326	(100.0%)

出典：法務総合研究所（2013）。

表序―③ 知的障がい受刑者の入所度数

区分	人　員	（構成比）
1度	206	(37.6%)
2度	87	(15.9%)
3度	54	(9.9%)
4度	56	(10.2%)
5度	38	(6.9%)
6～9度	57	(10.4%)
10～14度	29	(5.3%)
15～19度	15	(2.7%)
20度以上	6	(1.1%)
総　数	548	(100.0%)

出典：法務総合研究所（2013）。

く、次いで「不定・浮浪」（一四八人、二七・〇％）が多かった。家族・親族の状況をみると、「親族等あり／引受可」の者は一六六人（三〇・三％）で、残りの者は「身寄りなし」（一七・九％）や「親族等あり／引受不可」二七三人（四九・八％）であった。就労状況は「無職」（四二二人、七五・二％）が最も多い。ただし、就労による収入があった者は一二一人（二二・一％）、生活保護・年金等扶助を受けていた者は一七六人（三二・一％）、収入がなかった者は一〇七人（一九・五％）であった。教育歴は、義務教育段階以上の学校教育を受けていない者が三九四人（七一・九％）で、特別支援教育を受けたことがある者は二一三人（三八・九％）であった。

調査対象者のうち三四二人は入所度数が二度以上であった。前刑出所日から再入所するまでの平均期間は八三八日で、その期間が一年未満の者は一七八人（五二・二％）であった。再入所するまでの期間を属性別でみると、次のようになる。年齢層別では、「三〇～三九歳」と比べて、「二九歳以下」および「六五歳以上」の者のほうが再入所するまでの期間が短い。就労状況別では、「有職」と比べて「無職」の方が短く、入所前の主な収入源別では「就労による収入」および「生活保護・年金等扶助」と比べて「なし」のほうが短くなっている。

前刑入所前の居所は、「自宅」が一五六人（四五・六％）、「不定・浮浪」が一二〇人（三五・一％）であった。また、前刑の帰住先別で多かったのは、「親族のもと」一四四人（四二・一％）が最も多く、次いで「帰住先なし・不明」九四人（二七・五％）であった。

5　刑務所にいる高齢者や知的障がい者の生活背景

以上のような刑務所にいる高齢者や知的障がい者の特徴から、出所者支援の対象者の背景をどのように考えることができるのだろうか。

罪を犯した高齢者は、住居がある者が多いが、配偶者がいなかったり子どもとの関係が乏しかったりと、一人で社会生活を営んでいる、いわば社会的に孤立した状態におかれている。そのようななかで、経済的に困窮しても、また生活の支援が必要になっても一人では福祉サービスにはたどり着けない。その結果、窃盗あるいは暴力沙汰の事件を起こしてしまい、刑務所に入ることになってしまう。そうなると、よりいっそう家族や親族との関係が薄れていき、行き場もなく、頼る人もない状態におかれる。そして、刑務所に再び戻ってしまうという負のスパイラルに巻き込まれていってしまうのである。

罪を犯した知的障がい者の多くは、自宅に住み、家族親族がいる。しかし、その障がいの程度は軽度あるいは中度であり、また療育手帳を持っていないことから、そもそも自分自身に障がいがあることを知らない、認めていない状況にある。その結果、福祉サービスを受けることもないまま生活を送っている。また、義務教育以上の教育も、さらに特別支援教育を受けたこともなく、社会に出て行ったものの就労を継続することは難しい。そして、刑務所から再び自宅に戻ることになったとしても、元の生活に戻るだけであって何も変わらず、再び罪を犯して刑務所に戻り、徐々に家族親族との関係が切れてしまい、住む場所を失ってしまう。そして、刑務所を行き来する負のスパイラルに巻き込まれていってしまうのである。

このように考えたとき、福祉職がこれまでにも支援をしてきた高齢者や生活困窮者、あるいは知的障がい者の像とあまり変わらない。違いがあるとすれば、福祉の支援に出会えたのかどうかである。日本における福祉サービスは、基本的に申請主義であるために、福祉の支援を受けられる条件を持っていることも本人が知らなかったり、知っていても手続きをすることが難しかったりする。また、家族との関係が悪いと、相談機関につながることすらないままに成人してしまった可能性は否めない。日本における福祉サービスが、届く範囲にしか届けてこなかったことの表れである。その結果、支援者は支援ニーズを表明できる利用者、福祉サービスに適応してくれる利用者を対象とするだけでよかったのである。

ここに、従来の福祉サービス利用者と出所者支援の対象者の支援の開始段階における決定的な違いがある。それは、出所者支援の対象者は、罪を犯したことに加え、これまでの暮らしのなかで必要な支援を受けてこなかった人が多いため、出所者はこれから出会う支援者に「何を相談したらよいのかわからない」という状況におかれている。対象者が支援ニーズを表明していない場合、ソーシャルワークの基本の一つである支援対象者のアセスメントが困難を極める。そうであるならば、出所者支援でまず重要となる支援対象者の理解とは、「なぜこの人は犯罪行為に至ってしまったのか」という問いを立て、これまでの暮らしのなかからその仮説を導き出すことである。そのうえで、その仮説にもとづいた、今後の暮らしに必要な「居場所」と「出番」のあり方を探していく必要があるのだろう。

6 「居場所」と「出番」を再考する

二〇一二年七月に閣議決定した「再犯防止に向けた総合対策」（犯罪対策閣僚会議）、二〇一六年一二月に公布・施行された「再犯の防止などの推進に関する法律」、二〇一七年一二月に閣議決定した「再犯防止推進計画」では、いずれにも、近年の犯罪者政策の方向性、いわゆる「居場所」と「出番」を再犯防止のキーワードとして示したものとなっている。

たとえば「再犯防止に向けた総合対策」では、「これらの者（刑務所出所者等：筆者付記）に対する支援は、『犯罪者を生まない社会の構築』の実現のための重要な柱の一つとされ、特に、社会生活上困難な事情を抱える刑務所出所者等が社会における『居場所』や『出番』、すなわち帰住先・就労先を見付けることや、薬物依存、高齢、障害等といった特定の問題を克服するための支援を行うことが急務と認識されてきた。」と述べられている。「再犯防止推進計画」で取り上げられている基準値をみると、刑務所出所者のうち帰住先がない者は四七三九人（二〇・七％）、刑務所出所者等総合的就労支援対策の対象者のうち就職した者は二七九〇人（三七・四％）、保護観察終了時に無職である者は六八六四人（二二・一％）である。これらの数値は、刑務所等の出所者が住居や就労先を確保することがいかに難しいことであるかを表している。

◉「居場所」＝住居？「出番」＝就労？

出所者が犯罪とかかわりのない生活をつくり上げていくうえで、その基盤となる住居と就労を確保することは重要である（住居については第4章、就労については第5章を参照）。しかし、「住居を確保すること＝居場所」、「就労先を確保すること＝出番」という図式で、再犯を防止することはできるのだろうか。答えは否である。「居場所」は住居といった物理的空間の有無だけで、「出番」は就労先の有無だけでは測ることはできない。住むところがあり働くところがあるときでも、みずからの居場所のなさや出番のなさを感じたことがあるという人はいるだろう。それは、元受刑者がそれまで経験したことがない場所や人間関係のなかで、犯罪のかかわりのない生活をやり直そうとする際も同じである。

社会学者の藤竹暁は、居場所を二つに大別して議論している（藤竹 二〇〇〇：四八〜四九）。一つは、社会的居場所である。これは、家庭や職場等の自分が他人によって必要とされている場所であり、そこでは自分の資質や能力を社会的に発揮することができる場所である。もう一つは、人間的居場所である。こちらは、自分であることを取り戻すことができる場所であり、そこに居ると安らぎを覚えたり、ほっとすることができたりする場所である。そして、人間的居場所は、自分以外の人間がいるかいないかは関係ないという。この定義に従えば、社会的居場所には「出番」という側面も付随してくることがわかる。つまり、単に仕事があるということではなく、自分が他人によって必要とされて、自分の資質や能力を社会的に発揮することができることが「出番」であるということになる。「居場所」も「出番」も他者との関係を前提としながら、主観的にとらえる複雑に絡みあったものなのである。

さらに、社会学者の阿部真大は、居場所とは、客観的な状況がどうなっているかではなく、本人がそこを居場所と感じているかどうかによってしか測ることのできない、きわめて主観的なものであるという（阿部 二〇一一：一三）。阿部によれば、ある人が居場所のなさを感じている理由として、誰かと一緒にいるからといって、そこが居場所になっているわけではないということを挙げている。職場等の多くの他者のなかに一人でいることはスティグマ化することがあり、それは「寂しい」という感情をもたらすだけではなく、周りから負のレッテルを貼られることで「恥ずかしい」という感情までももたらす。だから、一人にならないようにその場に過剰適応してしまったり、周りに過度にルールを守らせようとしてしまったりする。けれども、そのような振る舞いは周囲の反感を買ってしまい、孤立を深めてしまう。そこで、その発生した問題状況を周りの人間と積極的にコミュニケーションをとり、解決していくことが必要となる。しかし、阿部が指摘するように（阿部 二〇一一：三八～四一）、問題が発生しているなかで周りの人間と積極的にコミュニケーションをとるということは容易なことではない。なぜならば、誰もが明確に自らの意思を伝え、また相手の意思を理解できるコミュニケーション能力や技術を持ち合わせているわけではないからである。とくに出所者がそのような行動をとることは難しい。そこで重要となるのが、効果的にその問題状況をマネジメントできるコミュニケーターの存在である（永井 一九九七：七二）。

出所者と周りの者がお互いに満足のいく結果を導き出すために、支援者がコミュニケーターになり、一方当事者だけが努力するのではなく、当事者どうしが問題解決に向けて相互協力することによって効果的に問題状況に対処することができ、そのようなコミュニケーションを通じて、出所者と周りの者が新しい価値体系をもった新しい「居場所」を創造することができるのである。

◉「余暇支援」の重要性

「再犯防止」とは、まさしく字義どおり、再び罪を犯さないようにするということである。しかし、この言葉は単に犯罪の不在を意味しているだけで、具体的な人物像や生活イメージは浮かび上がらない。犯罪に手を染めていない人びとの生活が多種多様であるのと同様に、罪を犯さないという状態の背後にある生活やその人物像も多種多様なのである。

そもそも犯罪行動というのは、感染症のように特定のウィルスのような単一原因によって一元的に説明できるものではなく、様々な要因が絡まり合った結果引き起こされるものである。しかしながら、犯罪行動のリスクを高める因子（＝危険因子）として、「犯罪歴」・「反社会的交友関係」・「反社会的認知」・「反社会的パーソナリティ」・「家庭内の問題」・「教育・職業上の問題」・「物質の使用」・「余暇の活用」の八つが示されている（Andrews & Bonta 二〇一〇）。このうち、とくに犯罪行動のリスクを高めるのは、「犯罪歴」、「反社会的交友関係」、「反社会的認知」、「反社会的パーソナリティ」の四つである。ただし、この危険因子というのは、確率的にリスクを増やす要因という意味であり、危険因子を有しているからといって、必ず犯罪に至るというわけではない。なお、「社会階層の低さ」や「精神的苦悩・精神障害」、「知能」は犯罪のリスクを増やすものではないことがわかっている。

犯罪の危険因子は一般的な議論にも上がるようなものが挙げられているが、一つだけあまり議論に上がりにくいものがある。それは「余暇の活用」である。この危険因子は、犯罪にかかわらない余暇活動をしていなかったり、余暇活動に満足していなかったりすることに関するものである。他の危険因子はその行動や特性、問題が「ある」ことが犯罪行動に影響を及ぼすことを示すのだが、この危険因子は「ない」ことが影響を及ぼすことを示している。再犯を防止するために、他の因子はその影響を少なくしたりなくしたりすることが目的であるが、この因子については積極的に推進し、ポジティブな影響を増やすことが目的となる。

福祉サービスだけで、「犯罪歴」、「反社会的交友関係」、「反社会的認知」、「反社会的パーソナリティ」といった危険因子のリスクを減らすことは難しく、認知行動療法などの心理プログラムをはじめとした様々な支援が必要となるだろう。しかし、余暇を充実させることは福祉サービスが十分に対応できることである。また、余暇活動も十分に「居場所」となりえる（藤竹 二〇〇〇：五三）。余暇活動のなかでも、他者に必要とされ、またみずからの能力や資質を発揮することができるからである。犯罪行動とかかわらない余暇活動を出所者とともに構築していくなかで、その余暇活動に満足することができるものにしていき、その結果、犯罪に至る可能性が少なくなるのである。

◉社会へ戻る協働作業

罪を犯してしまった者は、もともとの生活のなかに「居場所」も「出番」もないように感じられ、そして支援をどう受けたらいいのかわからないまま、犯罪行為に至っている。では、罪を犯してしまった者が持っている考え方や行動を治すことが支援なのだろうか。

元犯罪者の地域社会への再参入を研究しているVeysey（二〇〇八）は、過去に精神科での治療経験、アルコールや薬物の依存症経験、被虐待経験、刑務所に収容された経験があるけれども、今は一般的な社会生活を送っている人びとに調査を行っている。こうした人びとは、自身の経験してきたことを「問題」としてとらえているわけではなく、むしろ、「問題」は孤独や自尊心の欠如、恥の感情であると報告しており、そのような経験がない人びとと同じように、良い仕事や教育、家庭や友人を得ること、誇りを手に入れること、意義のあることをすることといったありふれたことを目標としてきたことがわかった。また、なぜ変われたのか、また、その変化を持続させるものは何かを聞いたところ、希望や信頼してくれる人、意味のあるすべきことを手に入れたからだという。そして、支援者ができることは、元犯罪者が新たな役割の取得を促し、価値のある、新しい社会的役割を手に入れる確率を上げる環境づくりであるという。

したがって、支援者は、出所者が価値のある、新しい社会的役割を得るための「居場所」と「出番」をつくり出すことが重要になってくる。ただし、「居場所」と「出番」は、出所者と他者との間に発生し、そして主観的なものなのだから、支援者だけでつくり上げたものでは支援にはならない。支援者と出所者が協働しながら、就労や余暇で出所者の「出番」がある社会的居場所と、出所者が安心できる人間的居場所をつくり上げていく必要があるのである。

7 「再犯防止」から「立ち直り」支援へ

最後に、社会が求める「再犯防止」という視点を、出所者の「立ち直り」という視点に置き直して考えてみる。そうすると、おのずと支援する者の役割は変わってくる。出所者が、もともと家族や仕事を失っていたり住居がなかったりと、罪を犯すまでの過去の生活を変えることはできない。しかし、刑罰を受けたあとに、仕事を得ることや新しい人間関係を構築することはできる。そして、新しい人間関係の構築を「居場所」と「出番」の文脈で考えると、出所者に対して単に住居や仕事を提供するだけでは十分ではなく、余暇も含めた生活そのものを充実させていくこと、そのために周囲との関係をマネジメントするコミュニケーターの存在の必要性が浮かび上がる。

「立ち直り」という視点で出所者の暮らしを考えたとき、その人に伴走する者たちの漠然とした不安は、出所者の暮らしのなかにある「具体的な困りごとやトラブル」として立ち上がる。そして、まだ始まったばかりではあるが、その現実に向かい合っている支援者たちがいる。その支援者たちの声をきくことが、今後の出所者支援のあり方を考えるうえで重要ではないだろうか。

〔注〕

（1）この調査では、少年院入院者を対象とした調査も行っている。調査結果等については、田島（二〇〇八）を参照のこと。

（2）法務総合研究所（二〇一三）によれば、この調査における知的障がいを有する受刑者とは、①知的障害を有する者：各刑事施設において知的障害を有すると診断された者（矯正統計上の精神状況についての分類が「知的障害」とされた者と同義）、②知的障害の疑いのある者：各刑事施設において、CAPAS能力検査等によって、知的障害の精査が必要と判定された者のうち、その後の精査によって知的障害の可能性が高いが、医師による確定診断や発症時期の証明等が未了のため、知的障害の認定に至っていない者のことをいう。

（3）主に成人受刑者の能力や学力を測定するために、財団法人矯正協会によって開発された検査のこと。

（4）ウェクスラー法成人用個別知能検査のこと。

《参照文献》

阿部真大（二〇一一）『居場所の社会学』日本経済新聞出版社。

Andrews, D. A., James Bonta (2010) *The Psychology of Criminal Conduct*, Fifth Edition Routledge.

警察庁・警察政策研究センター・太田達也（二〇一三）「高齢犯罪者の特性と犯罪要因に関する調査」(http://www.npa.go.jp/keidai/keidai-jp/pdf/essay/20131220.pdf)。

田島良昭（研究代表者）（二〇〇八）『罪を犯した障がい者の地域生活支援に関する研究（二〇〇六年～二〇〇八年）』厚生労働科学研究（http://www.airinkai.or.jp/hasshin/kenkyu/tsumi/）。

独立行政法人国立重度知的障がい者総合施設のぞみの園（二〇一三）「福祉の支援を必要とする矯正施設等を退所した者の地域生活支援に関する調査研究報告書」。

永井裕久（一九九七）「コミュニケーションと紛争解決」大渕憲一編著『紛争解決の社会心理学』ナカニシヤ出版、五九～七六頁。

浜井浩一（二〇〇六）『刑務所の風景』日本評論社。

浜井浩一（二〇〇九）『二円で刑務所、五億で執行猶予』光文社新書。

浜井浩一（二〇一一）『実証的刑事政策論——真に有効な犯罪対策へ』岩波書店。

浜井浩一（二〇一四ａ）「高齢者・障がい者の犯罪をめぐる議論の変遷と課題」『法律のひろば』六七巻一二号、四～一二頁。

浜井浩一（二〇一四ｂ）「厳罰から刑事司法と福祉の連携による再犯防止へ——地域生活定着支援センターの誕生と課題」『季刊刑事弁護』七九号、一九四～二〇一頁。

浜井浩一・津島昌弘・我藤諭・松尾多英子（二〇一六）『地域生活定着支援センター業務に関する調査調査報告書』。

藤竹暁（二〇〇〇）「居場所を考える」藤竹暁編『現代人の居場所』至文堂、四七～五七頁。

Veysey, B. M. (2008) "Rethinking Reentry" *The Criminologist* Vol. 33(3) pp.1-5.

Veysey, B. M., Christia, J.（上田光明翻訳・津富宏監訳）（二〇一一）「変容の瞬間——リカバリーとアイデンティティ変容のナラティヴ」日本犯罪社会学会編『犯罪者の立ち直りと犯罪者処遇のパラダイムシフト』現代人文社、一一～四〇頁。

法務省矯正局認知症傾向のある受刑者の概数調査（報告）（二〇一六）(http://www.moj.go.jp/content/001170402.pdf)。

法務総合研究所（二〇一三）「知的障害を有する犯罪者の実態と処遇」(http://www.moj.go.jp/housouken/housouken03_00072.html)。

法務総合研究所（二〇一七）「高齢者及び精神障害のある者の犯罪と処遇に関する研究」(http://www.moj.go.jp/housouken/housouken03_00091.html)。

Column ①

地域生活定着支援センターの役割

山田真紀子
大阪府地域生活定着支援センター所長

支援の内容

大阪府地域生活定着支援センターがスタートして八年目を迎える。開設当初はどこに出向いても事業の説明から始めなければならなかったが、最近ではなじみの関係機関も徐々に増え、社会側の受け入れも整いつつあると感じている。支援対象者のなかには〝支援する側〟になる人もいて、出所後も地道にフォローアップしているこの仕事ならではの醍醐味もある。

私たちは、福祉ニーズがある罪を犯した障害者や高齢者を対象に、主に矯正施設等から出所するにあたっての準備から、地域生活が安定するまでを支援している。仕事を初めた頃は、本人の意向をもとに、住まいや福祉サービスがあれば再犯せずに生活できるだろうと考えたが、そんな単純なものではないことを思い知らされた。いじめや虐待、不安定な家族環境に起因する強い不安感や自己肯定感の低さ、知的能力の制約による意思疎通や感情表出の困難さなど、私の想像を超える不遇な環境を生き抜いてきた人たちであり、彼らに染み付いた経験や傷は、予想以上に根深いものだった。出所前は、社会のルールに従うと約束しても、生活に慣れてきた頃には、周囲とのトラブルを起こし、話し合いで解決できる人もいれば、我慢できずにその場を離れてしまう人もいた。なかには、出所四日後に無銭飲食し、懲役三年の服役に戻ってしまい、支援者としての無力さに落胆したこともある。福祉サービスや社会のルールに乗せようと支援者主導になっているケースは、それを本人が了解し納得していないことが多く、上手くいかなかった共通点と言える。基本的な衣食住の確保が出発点ではあるが、彼ら自身が、試行錯誤しながら社会のルールと折り合いをつける「時間」や、これまで抱えてきた傷つきを吐き出せ、それを受け止める「人」が傍らに居続けることが、立ち直りには欠かせない。再犯してほしくないという想いからと正論を突き付けたくなることもあるが、それよりも彼らが気づくまで粘り強く待つことのほうが大事なのだと思う。

支援対象者の安らぎの場としての機能

先日、三年前に出所した男性を囲んでの関係者との話し合いを行った。彼は生活保護を受給し、障害者のグループホームで生活している。日中活動には月二回程度しか参加せず、陰でギャンブルや飲酒を楽しんでいた。これまでは人前で話すことを拒み、関係者との話し合いの場には参加しなかったが、その当日は笑顔を見せながら、ゆっくりだが自分の意見を述べた。彼はこの一年間、支援者には日中活動に通所していると嘘をつき続けてきた。しかし私たちは、その嘘に乗り続けることも、彼とともに過ごす大事な時間であると考えていた。この三年間で無断外泊をしたのは数知れず、〝僕を探さないでください〟などのメールを残して立ち去ることもあったが、そのたびにホームの職員が迎えに行き、揺れる想いに寄り添ってきた。将来の生活について聞くと、「仕事に就いて、ホームの近くで独り暮らしがしたい。」と語った。一〇年前に殺めてしまった祖母の命日に初めて墓参りに行き、手を合わせることができたのも、安心した生活が送れるようになってからだ。嘘をついても、家を飛び出しても、あるがままを受け止めてくれるグループホームが、居場所になったことを確認できた瞬間だった。

人を殺めてしまった人も、覚せい剤依存症の売人も、性犯罪者も、支援を求められたらまずは耳を傾け、「ちょっとここで休んでいったら」と言える懐の温かさが必要なのだと思う。犯罪させないことよりも、犯罪しない生活を選択できる力を支援することが、私たち福祉側に求められている役割である。

刑事司法と福祉の連携に期待すること

出所に向けて個別性を重視した支援を展開することが福祉側に求められていることだが、受刑者を取り巻く法律や制度が障害者や高齢者の特性には馴染まないことがときに散見される。たとえば、最近では仮釈放制度も特別調整でも活用されやすくなっているが、基本的には『改悛の状』が求められるため、認知症や知的障害のような判断能力の低下した人には馴染みにくいのが実情のようだ。私の経験では、窃盗罪で懲役二年を科された五〇代の認知症と診断された男性が、拒食を続けた結果、意識不明になって執行停止で釈放された。家族が引受人として待っていたが、仮釈放が検討されることはなく、植物状態で病院移送となった。更生して出所するはずが、何もできない状況で戻ってくることを家族や社会は望んでいるのだろうか。

また、受刑や保護観察は不利益処分であることは言うまでもないが、期限があるがゆえの弊害もある。定着支援事業での対象者は満期釈放者が多いが、ケースによっては、保護観察期間で一定の制約を課しつつ、刑事司法と福祉で段階的に社会生活に移行することが適切な人もいる。福祉の立場では意思決定支援を基本にすると、犯罪しない生活をめざすことは本人の意向を制限することにもなり、福祉支援者自身がジレンマを抱えることはよくある。累犯者のなかには、知的能力の制約とたび重なる受刑から社会での生活イメージが持てないために、枠のある生活から徐々に慣れていくほうが環境を受け入れやすい場合がある。いま一度、当事者目線に立って、自由のない世界から〝私らしい生活〟に自然に流れていけるように、真の連携のあり方を考えなければならない。

第1章

出所者支援に大きな不安なく取り組むためにソーシャルワーカーは何を学んでおくべきか

――これだけは知っておきたい司法福祉の基礎知識

掛川直之　日本学術振興会特別研究員（ＰＤ）　大阪市立大学都市研究プラザ

1　刑事司法手続きの流れ

○○署は一日、強盗致傷の疑いで、○○県△△市の無職、A容疑者（七〇）を現行犯逮捕した。調べに対し容疑を認めている。逮捕容疑は同日午後一時三〇分ごろ、△△市内のスーパーマーケットで、食品など三点（販売価格計六二一円）を万引し、店外に出ようとしたところ、私服警備員に呼び止められたが逃走。目撃し、取り押さえようとした店長の男性（四五）を、押し倒して負傷させたとしている。男性は腕などに軽傷を負った。関係者から依頼された女性が「押し倒されて、出血した男性がいる」と一一〇番通報し、発覚した。

わたしたちはこのようなニュースを、テレビや新聞、インターネットなどで、毎日のように見聞きしている。このニュースを見聞きしたみなさんは、どのような印象をもたれるのだろうか。「押し倒してケガを負わせた？」。なんて凶悪な事件なのだろう、と恐れおののくかもしれないし、「許せない！　厳罰に処するべきだ！」と怒りに震えるかもしれない。この事件が捜査の進展のなかで人びとの関心をひくものであれば、その続報が五月雨式に連日続くであろうし、際立った特徴がなければ、その後はいっさい報じられないかもしれない。

この事件の背景に、どのような「事実」や「事情」があろうと、△△市の住民の多くも、△△市から遠く離れたどこかの住民たちさえも、「物騒な世の中だ。注意しないと……」と「不安」を感じることだろう。殺人、放火、強盗、強制性交（強姦）といった凶悪といわれる犯罪をはじめ、その日の食事に困って「おにぎりを万引きした」「食い逃げをした」という窃盗や詐欺のニュースまで、犯罪の「軽重」はあれ、毎日のように様々な媒体による犯罪報道が発信されている。

Aさんは、逮捕後、どのような流れで捜査や裁判を受け、刑務所に入ることになるのだろうか。あるいは刑務所には入らない、ということもあるのだろうか。本節では、かなり思い切ってごくごく簡単に刑事司法手続きの概略をみていくことにする(1)（**図1―①**）。

◉〈悪いこと〉をしたら警察に捕まって刑務所に入れられる？

『平成二九年度版犯罪白書』によると、検察庁の新規受理人員が一一万六一九八人なのに対して、刑務所の新規入所人員は二万四六七人となっている。検察庁にまで送られた被疑者(2)のうち、わずか約一・八％の人しか刑務所には入れないことになる。この数字だけをみても、すぐさま逮捕・送検・起訴され、裁判にかけられて、刑務所に収容されるわけではなさそうである、ということが推測できるだろう。**図1―①**をみればわかるように、警

図1—① 刑事司法手続きの流れ

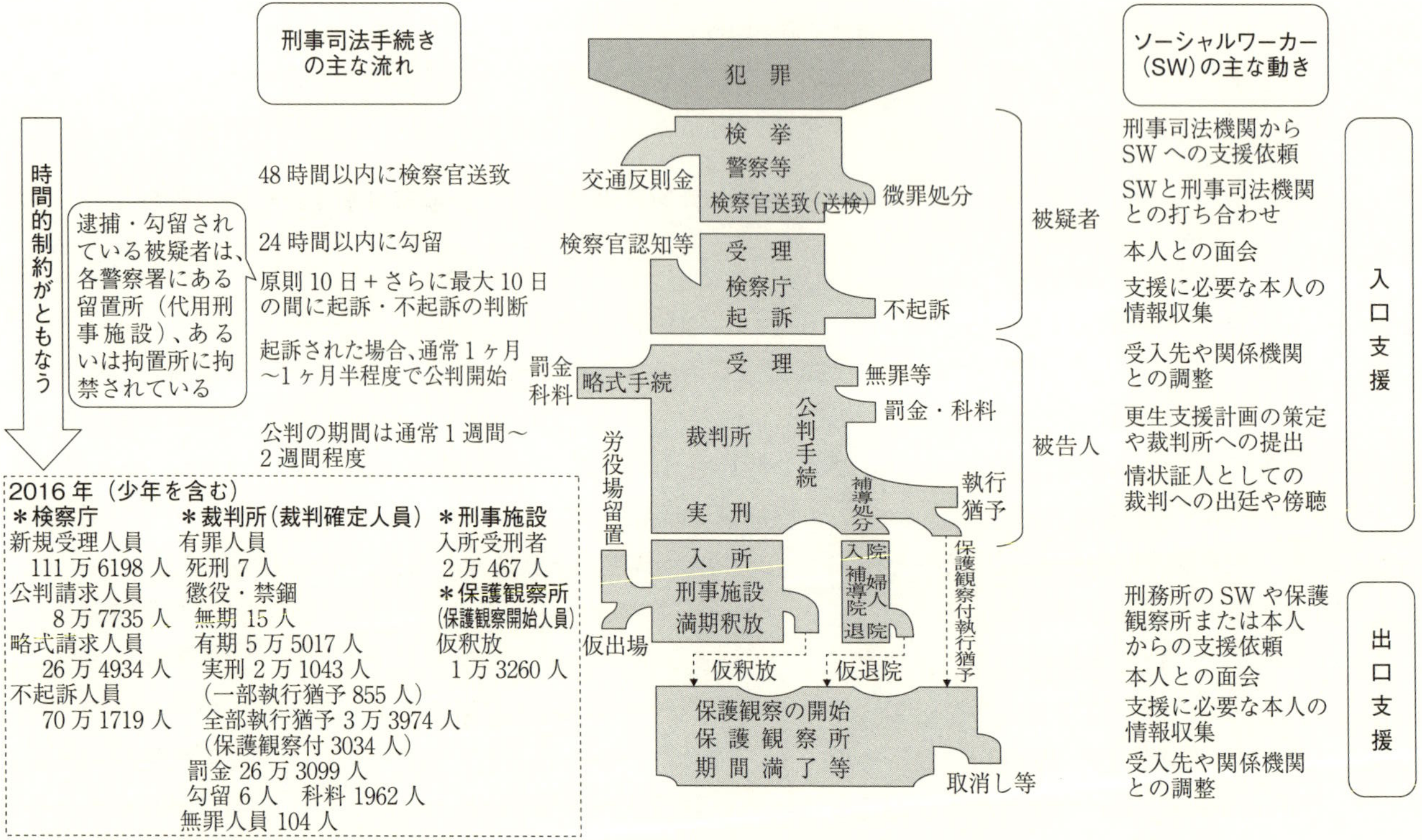

出典：『平成26年度版犯罪白書』「刑事司法手続き（成人）の流れ」をもとに、東京TS（2016：32－33）等を参考のうえ著者作成。

察等から検察庁、裁判所、そして刑事施設[3]へといたるまでに、微罪処分や不起訴（起訴猶予）など、刑事司法手続きの流れから「逸らす」制度（ダイヴァージョン）が用意されているため、たとえ「刑務所に入りたい！」と希望したとしても、そう簡単には刑務所に入ることはできないのである。

しかし、序章でみてきたように、近年、日本の刑務所のなかには、軽微な財産犯で収容されている高齢者や障がい者が多数存在する。ではなぜ、そのような事態に陥ってしまったのだろうか。先述したように、日本の刑事司法手続きは重層的に設計されているため、軽微な財産犯を初めて犯したような場合に、即刻、刑務所に収容されるということはほとんどない。財力・人脈・知的能力に課題のある者が、受け入れ拒否のできない施設としての刑務所に引き寄せられている、とでもいうべき現状があるのだ（浜井 二〇〇九、浜井 二〇一一）[4]。

掛川（二〇一六b：五〇）は、出所者[5]の生活史を聴き取るなかで、貧困、社会的排除のスパイラルに陥った出所者の多くは、安定した収入源、住まい、支えてくれる家族等の身近な者などをしだいに失い、生活保護等の社会保障給付にも、その他の福祉的サーヴィスにもつながっていない、という情況が多次元的に重なりあって犯罪という行為に結びついていた、と分析している。つまり、警察で微罪処分となり、検察で起訴猶予処分となったとしても、福祉的な支援がなければ社会生活を立て直すことができず、結果、再犯をくり返すことになり、累犯者として実刑以外の選択肢がなくなってしまっている、という側面が少なからずあるということである（**図1—②**）。

冒頭のAさんの事件の場合、現行犯逮捕されているので、金品が奪われ、他者が軽傷を負った、という結果が発生していることに、大きな疑いはないものと考えられる。だが、「押し倒して負傷させた」ということが、たとえば、必死で逃げようとするなかでバランスを崩して結果的に押し倒してしまったようなかたちになったのか、故意に危害を加えようと襲いかかっていったのか、ということでも事情は異なってくる。また、Aさんが初めてこのような罪に手を染めたのか、何度もこのような罪をくり返していたのか、ということでもその後の処分は随分と異なってくることになる。

◉捜査を受ける

図1—①に示されているように、刑事司法手続きは、警察が犯罪を「認知」するところから始まる。基本的には、警察に逮捕され、四八時間以内に、検察庁に被疑者を送るかどうかを判断する。[6]検察官送致（送検）された場合は、二四時間以内に勾留請求、この勾留請求が裁判所によって却下されなければ、原則一〇日、さらに最大一〇日の最大計二三日のあいだに起訴・不起訴の判断がなされることになる。

被疑者・被告人が釈放されるかどうかのターニングポイントは、①四八時間＋二四時間が経過する前、②不起訴か処分保留の判断時、③起訴された後に保釈が認められた時、[7]④執行猶予や無罪の判決が下された時となる（東京ＴＳ 二〇一六：三九）。捜査段階では、①から③がその機会となり、ソーシャルワーカーが支援の要請を受けた場合、ほとんど被疑者についての情報がないなかで二三日のあいだに支援のかたちを整えなければならないことになる。被疑者にとってはとてつもなく長いこの期間は、支援者にとっては非常に短く感じられる期間となるわけである。

なお、冒頭のＡさんの事件の場合、起訴され、裁判を受けるとして、Ａさんの刑事弁護人や担当の検察官が福祉的支援の必要性を感じたときには、福祉の支援者に入口支援の要請が行われることになる。[8]

図１—② 貧困・社会的排除のスパイラル

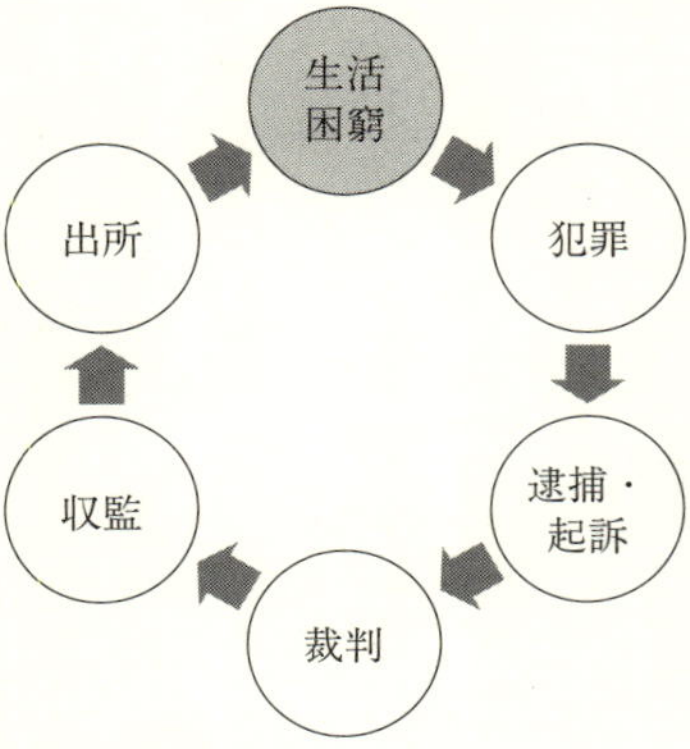

①安定した収入源
②住まい
③支えてくれる家族等の身近な者
などを次第に失っていく
＋
④生活保護等の社会保障給付にも福祉的サーヴィスにも未接続
→①〜④の要素が多次元的に重なりあって犯罪という行為に

出典：著者作成。

⊙裁判を受ける

検察官によって公訴が提起（起訴）された場合、裁判所における公判が開かれることになる。刑事裁判は、罪を犯した疑いをかけられた被告人が、本当にその罪を犯したのかどうか（有罪か無罪か）、もし罪を犯したのだとしたらどの程度の刑罰を科すのが妥当か、ということを判断する場である。「真実」は「神のみぞ知る」といったところであるが、日本の刑事裁判では、検察官の立証する証拠によって、当該被告人が犯したとされる罪の「事実」が裁判官（場合によっては裁判員も）によって客観的に判断される仕組みがとられている。テレビドラマのタイトルにもなっているように、日本の刑事裁判の有罪率は九九・九％であるとされており、起訴されてしまえば、ほぼ有罪判決を受けることになってしまう。

刑事裁判は、公開の法廷で行われ、刑事裁判の審理および判決の手続を「公判」といい、公判を行う日を「公判期日」という。公判の流れは**図1―③**のとおりで、検察官が読みあげた起訴状記載の公訴事実に対しての認否から始まる。次いで検察官の主張と被告人側の主張とを照らし合わせていくなかで、争点を明確にしていく。そうして検察官が証拠によって証明しようとする事実を主張し（冒頭陳述）、いかなる証拠でいかなる事実を証明しようとしているのか、それがいかなる意味を持つのか、ということを整理していく。これを受けて裁判所は、これらの証拠から事実を認定していくことになる。証拠の取り調べが終わると、検察官と弁護人とは、証拠にもとづいて、犯罪の事実があったのかどうか、刑の重さはどのくらいが妥当か、などについての意見を述べていく。その後、被告人も事件について最終的な意見を述べ、法廷での手続きが終結する。裁判所は、法廷で取り調べた証拠にもとづいて、被告人が有罪かどうか、有罪の場合にはいかなる刑を科すかについての評議を行い、法廷でその結論となる判決を言い渡すことになる。

図1—③　公判の流れ

冒頭手続		証拠調べ手続		弁論手続		判決宣告
争点を明らかにする ●検察官が起訴状を朗読 ●被告人側の言い分を聞く	▶	証拠を取り調べる ●検察官が証拠によって証明しようとする事実関係を主張 ●裁判所は法廷で証拠を見たり、聞いたりする	▶	検察官・弁護人の意見を聞く ●検察官・弁護人から、それぞれ、証拠に基づいて、被告人が有罪かどうか、刑の重さなどについて意見を聞く	▶	

出典：最高裁判所ホームページより。

冒頭のAさんの事件の場合も、公判の段階で刑事弁護人が福祉的支援が必要だと判断して依頼がくることもある。この段階での依頼については、公判へ情状証人としての出廷を依頼されたり、更生支援計画を作成して裁判所へ提出することを求められることもあるだろう。

なお、日本では三回まで裁判を受けることができる三審制が採用されており、(原則的に)一回目の地方裁判所での判決に不服を持ち二回目の高等裁判所での裁判を要求することを控訴、二回目の高等裁判所での裁判にも不服があり三回目の最高裁判所での裁判を要求することを上告という。

◉刑務所に収容される

実刑の有罪判決を受けた場合、保釈されていなければ言い渡された刑期が終了するまで社会に戻ることなく、刑務所のなかで生活することを強いられることになる。刑事訴訟法では、判決の言い渡しの翌日から一四日目までに控訴することが定められているため、裁判が終結してから一五日後に刑が確定し、懲役刑を受けた被告人は受刑者として、刑事施設に収容されることになる。[9]

確定施設、処遇施設、調査センター等において、受刑者をどの刑事施設に収容し、どのような処遇を実施するのか、という処遇調査が心理技

表1—①　処遇指標の区分・符号別人員

種類	符号	内容	
作業	V0	一般作業	
	V1	職業訓練	
改善指導	R0	一般改善指導	
	R1	特別改善指導	薬物依存離脱指導
	R2		暴力団離脱指導
	R3		性犯罪再犯防止指導
	R4		被害者の視点を取り入れた教育
	R5		交通安全指導
	R6		就労支援指導
教科指導	E1	補習教科指導	
	E2	特別教科指導	

符号	受刑者の属性
D	拘留受刑者
Jt	少年院への収容を必要とする16歳未満の少年
M	精神上の疾病または障がいを有するため医療を主として行う刑事施設等に収容する必要があると認められる者
P	身体上の疾病または障がいを有するため医療を主として行う刑事施設等に収容する必要があると認められる者
W	女子
F	日本人と異なる処遇を必要とする外国人
I	禁錮受刑者
J	少年院への収容を必要としない少年
L	執行刑期が10年以上である者
Y	可塑性に期待した矯正処遇を重点的に行うことが相当と認められる26歳未満の成人
符号	**犯罪傾向の進度**
A	犯罪傾向が進んでいない者
B	犯罪傾向が進んでいる者

出典：『平成29 年度版犯罪白書』などを参考に著者作成。

官等によって行われ、それらにもとづき指定する処遇指標、処遇区分等によって収容される刑事施設が決められる（**表1—①**）[10]。当然、どの刑務所に行くのかを自分で決めることはできない。

全国には奈良県を除く四六都道府県に刑事施設があり、本所が七六庁（刑務所六二庁〔社会復帰促進センター四庁を含む〕、少年刑務所六庁、拘置所八庁）、支所が一一二庁（刑務支所八庁、拘置支所一〇四庁）存在している（二〇一七年四月一日時点）。たとえば、大阪刑務所は、原則的にはF、LB、Bの属性をもった受刑者が集められ、V1、R1からR4、R6の処遇を行っているというように、刑務所によってその役割が異なっている。**図1—④**は、全国の刑事施設を処遇指標がわかるように日本地図にプロットしたものである。少し古く、奈良少年刑務所などすでに閉鎖された施設や、八王子医療刑務所が東日本成人矯正センターに改称・移転するなどもしているが、一覧性がありわかりやすいため抜粋しておく。

冒頭のAさんの事件の場合も、実刑判決が下されたとすれば、過去にどのくらい刑務所への入所経験があるか、ど

図１―④　刑事施設一覧（2013年1月15日時点）

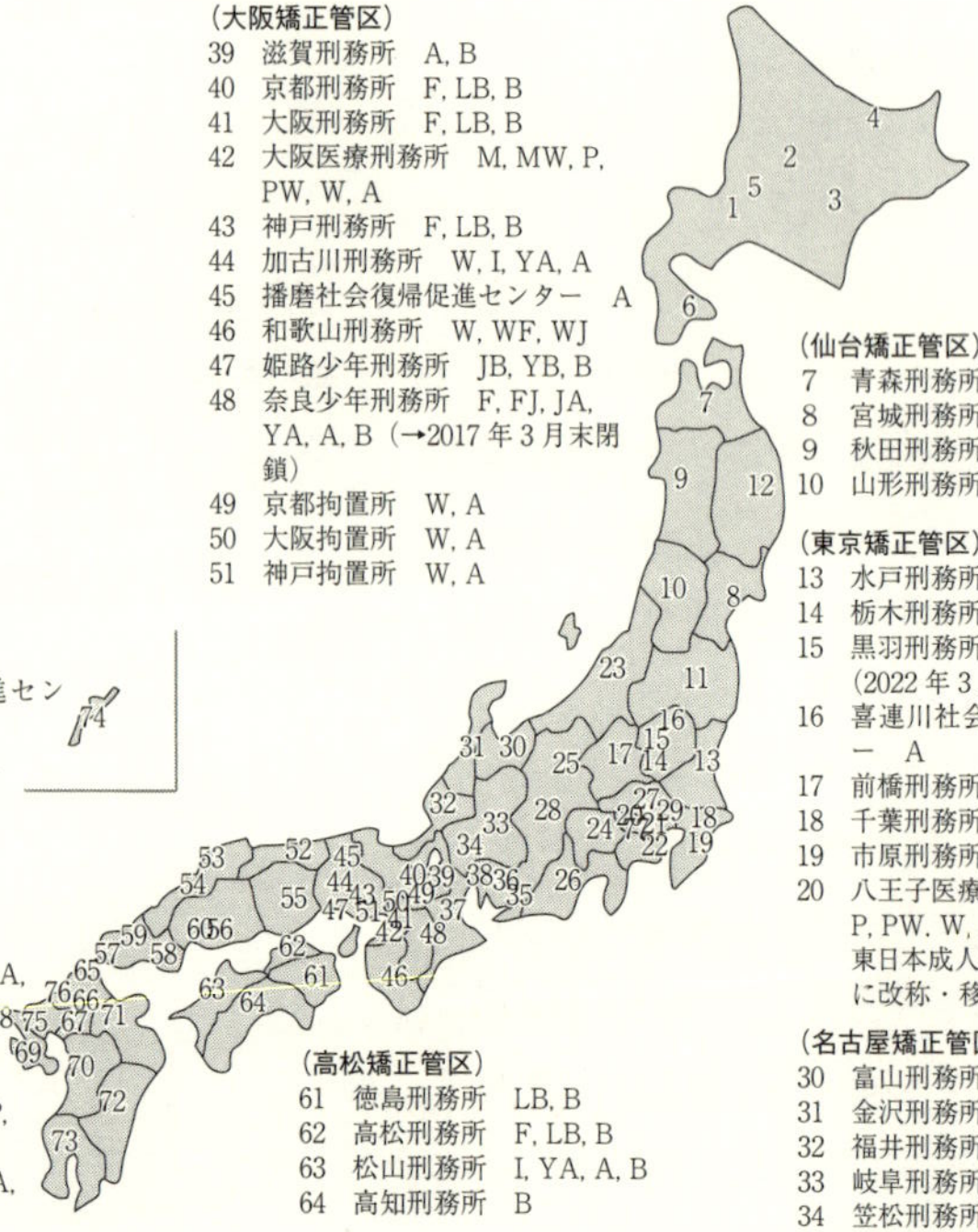

（札幌矯正管区）
1　札幌刑務所　M, P, F, LB, B, W
※W は、札幌刑務支所のみに収容する。
2　旭川刑務所　LB, B
3　帯広刑務所　B, A
※A は、釧路刑務支所に収容する。
4　網走刑務所　B
5　月形刑務所　B
6　函館少年刑務所　I, JA, YA, A, B

（仙台矯正管区）
7　青森刑務所　B
8　宮城刑務所　M, P, LB, B
9　秋田刑務所　B
10　山形刑務所　I, LA, A, B
11　福島刑務所　F, B, W, WF
※W, WF は、福島刑務支所のみに収容する。
12　盛岡少年刑務所　JB, YB, B

（東京矯正管区）
13　水戸刑務所　B
14　栃木刑務所　W, WF, WJ
15　黒羽刑務所　F, I, A, B
（2022 年 3 月末閉鎖予定）
16　喜連川社会復帰促進センター　A
17　前橋刑務所　F, B
18　千葉刑務所　LA, A
19　市原刑務所　I, YA, A
20　八王子医療刑務所　M, MW, P, PW, W, A（2018 年 1 月東日本成人矯正医療センターに改称・移転）
21　府中刑務所　M, P, F, LB, B
22　横浜刑務所　F, LB, B, FJ, A
※FJ, A は、横須賀刑務支所のみに収容する。
23　新潟刑務所　F, B
24　甲府刑務所　F, I, B
25　長野刑務所　LA, A, B
26　静岡刑務所　F, A, B
27　川越少年刑務所　I, F, FJ, JA, YA, A, B
28　松本少年刑務所　JB, YB
29　東京拘置所　W, A
77　立川拘置所　W, B

（名古屋矯正管区）
30　富山刑務所　B
31　金沢刑務所　F, B
32　福井刑務所　A, B
33　岐阜刑務所　LB, B
34　笠松刑務所　W
35　岡崎医療刑務所　M, A
36　名古屋刑務所　M, P, F, LB, B, I, A
※ I, Aは、豊橋刑務支所のみに収容する。
37　三重刑務所　A, B
38　名古屋拘置所　W, A

（大阪矯正管区）
39　滋賀刑務所　A, B
40　京都刑務所　F, LB, B
41　大阪刑務所　F, LB, B
42　大阪医療刑務所　M, MW, P, PW, W, A
43　神戸刑務所　F, LB, B
44　加古川刑務所　W, I, YA, A
45　播磨社会復帰促進センター　A
46　和歌山刑務所　W, WF, WJ
47　姫路少年刑務所　JB, YB, B
48　奈良少年刑務所　F, FJ, JA, YA, A, B（→2017 年 3 月末閉鎖）
49　京都拘置所　W, A
50　大阪拘置所　W, A
51　神戸拘置所　W, A

（広島矯正管区）
52　鳥取刑務所　B
53　松江刑務所　B
54　島根あさひ社会復帰促進センター　PA, YA, A
55　岡山刑務所　LA, A
56　広島刑務所　F, P, LB, B, I, A
※I, A は、尾道刑務支所のみに収容する。
57　山口刑務所　A, B
58　岩国刑務所　W
59　美祢社会復帰促進センター　W, YA, A
60　広島拘置所　W, A

（高松矯正管区）
61　徳島刑務所　LB, B
62　高松刑務所　F, LB, B
63　松山刑務所　I, YA, A, B
64　高知刑務所　B

（福岡矯正管区）
65　北九州医療刑務所　M, MW, W, A
66　福岡刑務所　P, F, LB, B
67　麓刑務所　W
68　佐世保刑務所　B
（→2019 年 3 月末閉鎖予定）
69　長崎刑務所　F, LB, B
70　熊本刑務所　LB, B
71　大分刑務所　I, LA, A, B
72　宮崎刑務所　B
73　鹿児島刑務所　B
74　沖縄刑務所　I, M, P, YA, YB, A, B
75　佐賀少年刑務所　JA, YA, A, B
76　福岡拘置所　W, A

出典：法務省ホームページより（著者が一部加筆・修正）。

のような作業が行えるかなどの諸要素を勘案して、収容される刑務所が決されることになる。

2 刑務所での生活は受刑者にどのような影響を与えるのか

◉「自由もないが不自由もない」刑務所

刑務所は全制的施設である、といわれる（Goffman 一九六一）。受刑者の処遇を担当する刑務官のもと、かれらの一挙手一投足はすべて監視・管理の対象におかれ、画一的な対応を受ける。朝起きてから、夜寝るまでのすべての行動は厳密なスケジュールのなかに組み込まれ、何をするにも刑務官に「おうかがい」を立てることが求められ、およそ「自由」のない、制限された生活を強いられる。大半の受刑者は、食事をつくったり、洗濯をしたりといった生活に必要な家事仕事を行うこともない。しばしば刑務所での生活は、「自由はないが不自由もない」と形容されるが、言い得て妙である[11]。

受刑者の処遇の中核となるのは、矯正処遇として行う刑務作業であり、近年では、改善指導（および教科指導）にも力が入れられている（**図1―⑤**）。受刑者には、刑の執行開始時の処遇調査の結果にもとづいて、矯正処遇の目標ならびにその基本的な内容や方法が処遇要領として定められ、矯正処遇はこの処遇要領に沿って計画的に実施される。

また、受刑者処遇の目的を達成する見込みが高まるにしたがって、規律・秩序維持のための制限が緩和され、その制限が緩和された順に第1種から第4種までの区分を指定し、定期的にまたは随時、その指定が変更されてい

図１—⑤　出受刑者処遇の流れ

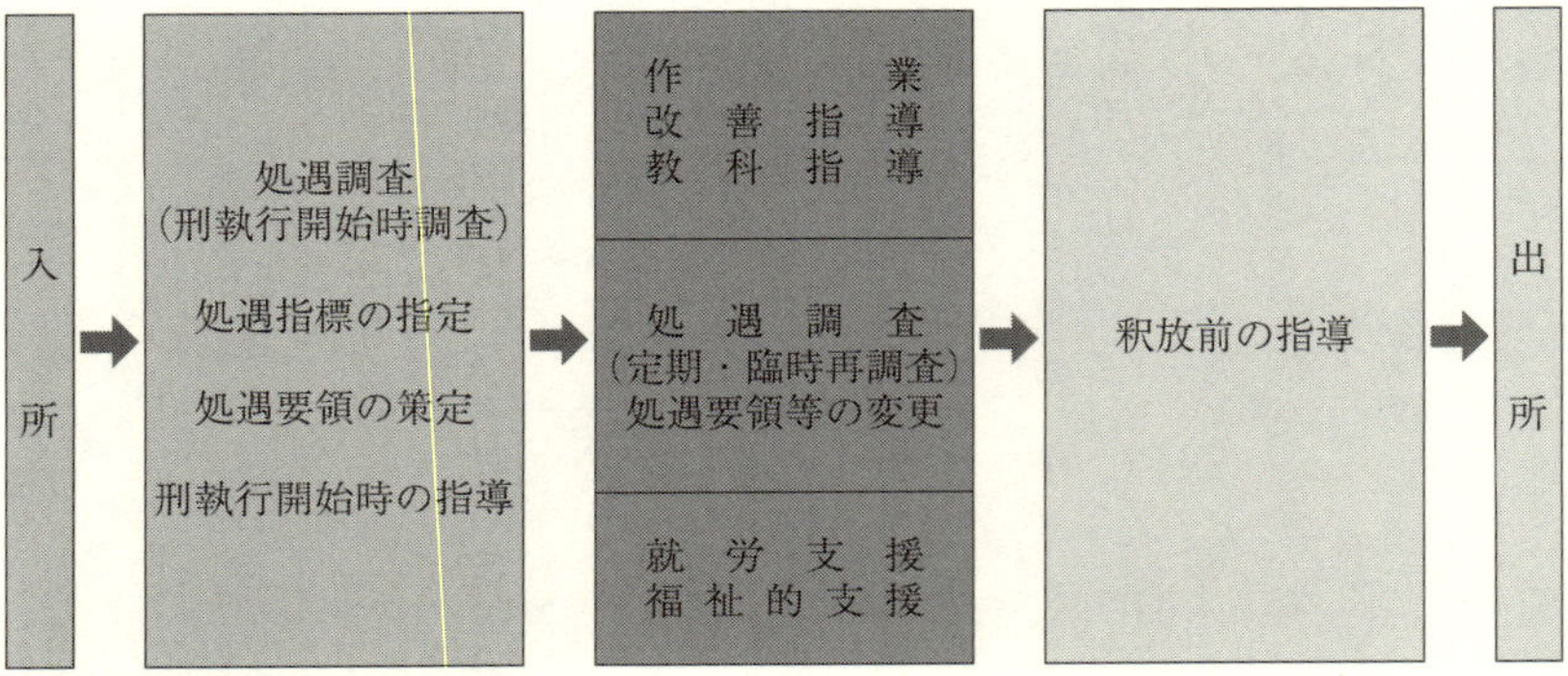

出典：『平成29年度犯罪白書』より。

る。さらに、受刑者に改善更生の意欲をもたせるため、六ヶ月ごとに受刑態度を評価し、良好な順に第１類から第５類までの優遇区分に指定し、良好な区分に指定された受刑者には、外部交通の回数を増やしたり、自弁（自費購入または差入れを受けること）で使用できる物品の範囲を広げたりするなどの優遇をした処遇が行われている。

⦿刑務所で刑罰を受けるということ

刑罰の本質は、過去の行為に対する法的制裁にある。日本では、受刑者の教育・改善を追求すべきであるという相対的応報刑論を基礎とし、累犯加重を機械的に適用する傾向がみられるため、判決までの段階で更生させるという意識が乏しい（浜井 二〇一三：一四九）。その結果として、生活の基盤を失った多くの高齢者や障がい者等が、軽微な犯罪を繰り返して実刑となっている、という事実とつながっている。同時に、刑務所には、反社会的な知識や信念や態度を、交換したり共有したりするなかで逸脱的文化を生む「犯罪者化」や、特殊な規則や文化、刑務所社会で期待されるものを学習する「囚人化」といった機能が付随しているといわれており、刑務所での期間が長くなればなるほど、〈より犯罪者らしい犯罪者〉がつくり出されることになる。

◉福祉からも排除される受刑者

受刑者は強大な国家権力の発動たる刑罰の執行によって、強制的に市民であることによって得られるべき権利を奪われていく(12)。社会保障給付がその典型ともいえる(13)。これらの剝奪は彼らの貧困・社会的排除をより深刻な状態へと導いていく。日本の社会保障制度は、社会保険（年金保険・雇用保険・労働者災害補償保険・医療保険・介護保険）と公的扶助（生活保護）等からなっている。これらの権利を享受する前提として、住民票が必要になることが多い。社会保障制度を利用する際、住民票の添付が求められるものがあり、それがなければ必要な制度の利用につながらないことがある。懲役刑を科せられた受刑者は、刑務作業という一定の労働を課せられているが、出所時に受けとる作業報奨金は月額約五三一七円（二〇一五年度予算における平均計算額）とごくわずかであり、所持金がほとんどないままに社会に放り出される者も少なくない。そうであるとすれば、社会保障制度を用いて、出所後の生活再建や社会復帰に向けた生活基盤を整備していかなければならないことになり、それが享受できうるか否かが大きな問題となる。

矯正施設等に収容される者の多くは、入所中に連絡のとれる親族等がおらず、入所前の住民票所在地において所在の確認がとれず、入所中に住民票が職権消除され、住民票を喪失している（萱沼 二〇一七：一九七）。また、受刑者の多くは、刑事司法手続きの過程で失業することになる。それまで被用者であった者は自営業を営んでいた者と同様に、国民年金の第1号被保険者となり、それに応じた保険料納付が義務づけられることになるが、入所前にある程度の資産を有しているか、入所中に受刑者に代わって保険料を納付する者がいない限り、受刑者が月額一万六四九〇円（二〇一七年度）の保険料を納付し続けることは困難である。そのため出所後に必要な社会保障制度の利用につながらず、行き場を失い、再び罪を犯すという貧困、社会的排除のスパイラルに陥ることになるのだ。

矯正施設等からの出所後、生活を再建するためには、すみやかに居住地を確保し、住民票を取得することが重要になってくる(第4章も参照)[14]。同時に、住民票によらない社会保障資格を個別に識別できる仕組みの導入とともに(萱沼 二〇一七:二〇二)、作業報奨金の賃金制導入等を再検討し、必要な福祉的支援が必要な時期に適切に行われなければならない。あわせてダイヴァージョンを積極的に活用し、この貧困・社会的排除のスパイラルを断ち切る必要があるだろう。

⦿仮釈放と満期釈放

仮釈放とは、懲役または禁錮に処せられた者に改悛の状があるときには、行政官庁の処分によって仮に釈放することができる、という制度である。法律上は、刑期の三分の一以上(無期刑の場合は一〇年以上)経過したところで「検討することができる」とされている[15]。この仮釈放の判断にあたっては、本人の資質、生活歴、刑務所内での生活状況、将来の生活計画、帰住後の環境に加え、悔悟の情、更生意欲、再犯のおそれ、社会の感情を考慮する、とされている。刑務所の「仮釈放審査会」が承認すれば、地方更生保護委員会に「仮釈放申請」を行う。地方更生保護委員会では、保護観察官による「準備面接」、地方更生保護委員による「本面接」が行われる。三人の委員の合議で仮釈放が決定され、もちろん仮釈放申請「不許可」もあり、仮釈放が許可されても状況が変化すれば「申出取下」もありうる。

この仮釈放が認められるためには、①帰住先があること(更生保護施設でも可)、②引受人になってくれるような頼れる人がいること、③被害者がいる場合には和解が成立していること、などが重要な要素となっており、貧困・社会的排除状態におかれた受刑者にはいくぶん高いハードルとなる。仮釈放が認められれば、だいたい釈放の二週間程度前から、一般の家屋に近い仮釈放準備寮といわれる刑務所内の建物に居室を移す。刑務所内での一般的な居室には、雑居であれ、独居であれ、受刑者みずからが扉を開け閉めすることは想定されていないため、ドアノブすらついておらず、衝立一枚の仕切りがあるだけのトイレが設置されているような住環境での生活を強いられているため、この仮釈放準備寮における生活訓練や、釈放前教育といわれる刑務所の外の社会について学ぶ機会は、社会復帰に向けて重要な場となる。

一方、満期釈放とは、刑期満了後の釈放をいう。この満期釈放になると、この釈放前教育は、わずか三日程度に限定されることが多く、仮釈放準備寮における生活訓練を受けることもできない。ほぼ丸腰で刑務所から出されることになり、社会的排除状態におかれた出所者はどこに行ったらいいのかさえわからない、という現実と直面することになり、貧困・社会的排除のスパイラルへと陥ってしまうことも多い。

⦿保護観察の制度

保護観察は、犯罪行為を行った者または非行のある少年が、社会のなかで更生できるように、国家公務員である保護観察官およびボランティアである保護司による指導監督や補導援護を行うものである（column②も参照[16]）。刑務所などの施設のなかではなく社会のなかで処遇を行うことから、「社会内処遇」といわれる。保護観察は、審判で非行事実を認定された者あるいは有罪と認定された者について行われる。非行事実と要保護性とを認定された少年に対する保護観察としては、①1号観察（少年事件における保護処分として保護観察に付された少年）、②2号観察（少年院を仮退院した少年）が、有罪と認定された者に対する保護観察としては、③3号観察（刑務所から仮釈放を許された者）、④4号観察（刑の執行を猶予され保護観察に付された者）、⑤5号観察（売春防止法違反で婦人補導院に収容されたが、その収容期間満了前に仮退院を許された成人女子）がある。

図１―⑥　保護観察処遇の流れ

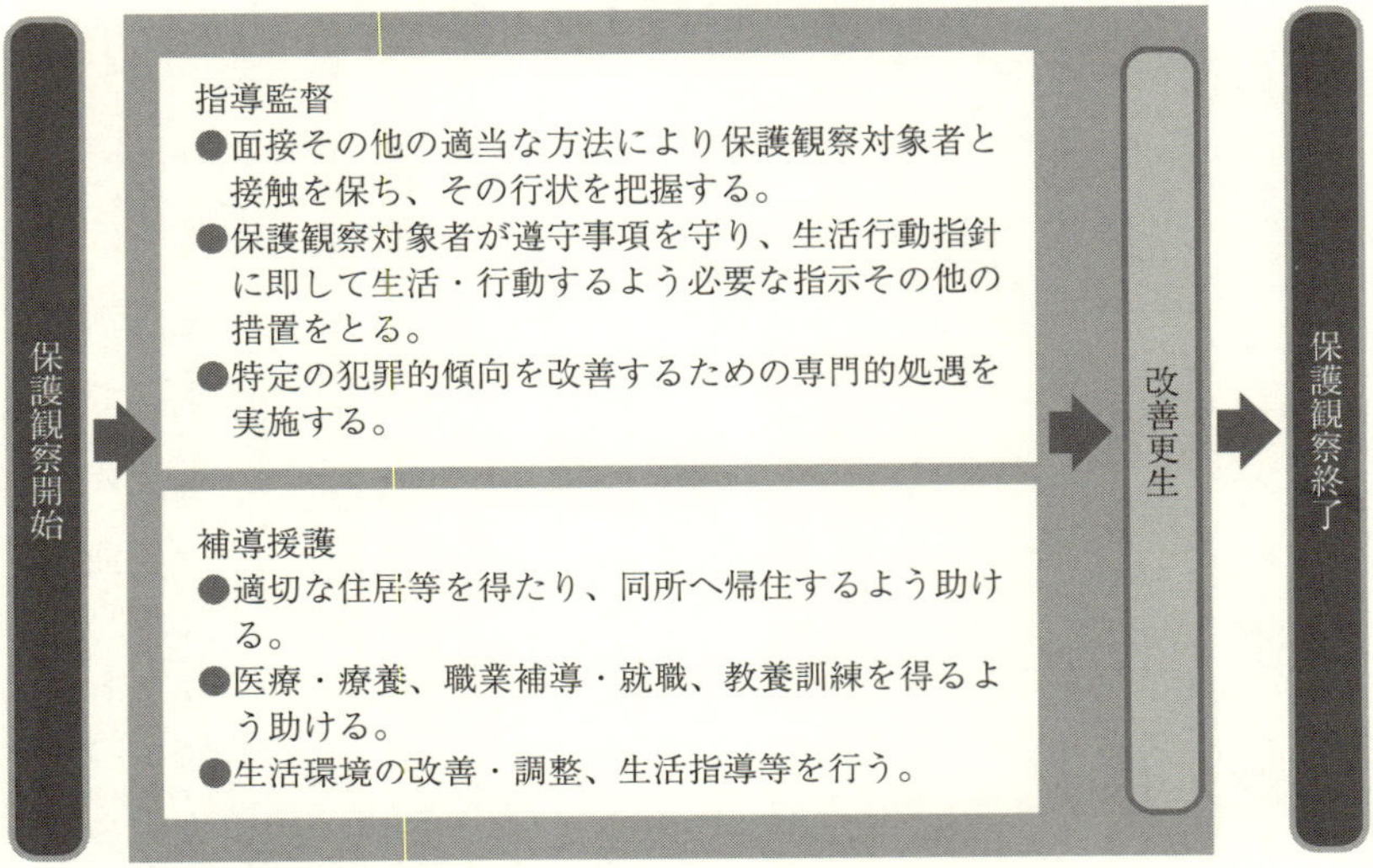

出典：法務省ホームページより。

表１―⑦　応急の救護等と更生緊急保護のしくみ

種別	対象	期間	措置の内容	
応急の救護等	保護観察中の人で、改善更生が妨げられるおそれのある場合	保護観察期間	・食事の給与 ・医療及び療養の援助 ・帰住の援助 ・金品の給貸与	・宿泊する居室及び必要な設備の提供 ・就職の援助や健全な社会生活を営む（適応する）ために必要な指導助言の実施
更生緊急保護	次の①②③のすべてにあてはまる人 ①刑事上の手続又は保護処分による身体の拘束を解かれた人 ②親族からの援助や、公共の衛生福祉に関する機関等の保護を受けられない、または、それらのみでは改善更生できないと認められた人。 ③更生緊急保護を受けたい旨を申し出た人	原則として６か月 例外的にさらに６か月を超えない範囲で延長可能		

※措置は、保護観察所長が行う場合と、更生保護事業を営む者等に委託して行う場合があります。
出典：法務省ホームページより。

保護観察処遇の流れは**図1—⑥**のとおりである。保護観察官は原則的には、たとえば大阪市住吉区の担当というように地区ごとに担当が割りあてられ、その地区に住むすべての保護観察対象者を処遇する。保護観察対象者には、主に担当の保護司が指名され、保護観察官と保護司が役割を分担しながら協働して処遇が実施される。

ソーシャルワーカーが支援にあたるなかでも、保護観察対象者に出会うことも少なくないだろう。保護観察対象者や矯正施設等から出所してきた出所者を支援するうえで、ソーシャルワーカーが活用できうる制度としては、更生緊急保護がある（**図1—⑦**）。更生保護施設や自立準備ホームといった居住支援施設に入所する場合にも保護観察所との連携が不可欠となる。

3　刑事司法ソーシャルワークの最前線

⦿刑事司法と福祉との連携の経緯

本書でも繰り返し取り上げられている山本（二〇〇三）や浜井（二〇〇六）を契機として、刑事司法の領域に福祉的な支援が必要であるということがメディアをとおしても注目されるところとなり、その状況はめまぐるしく展開していくことになる。とりわけ、長崎県の社会福祉法人南高愛隣会の田島良昭を旗頭とした厚生労働科学研究費補助金障害保健福祉総合研究事業「罪を犯した障がい者の地域生活支援に関する研究」の成果は、その前後に行われた監獄法改正や更生保護法の成立とともに、のちの制度設計に強大な影響をもたらした。さらに二〇〇九年以降、刑務所への社会福祉士の配置（column④も参照）や、保護観察所（column②も参照）と協働して高齢、障がいの課題を有する出所者の福祉的支援を進める地域生活定着支援センターの設置は、刑事司法と福祉との連携を進めるうえでの大きな一歩となった。二〇一三年以降、地方検察庁への社会福祉士の配置も始まり、二〇一六年末に成立・施行された再犯防止等の推進に関する法律は、その流れにますます拍車をかけている。

⊙ソーシャルワーカーが出所者に出会うとき

街場のソーシャルワーカーが出所者支援にかかわる場合、概ね、①各都道府県の地域生活定着支援センターを経由し出所者の受け皿としての福祉としてかかわるケース、②刑務所等の矯正施設、あるいは受刑者本人から直接の支援依頼がありかかわるケース、③被疑者の刑事弁護人や担当の検察官からの依頼を受けるケース、④生活困窮者支援等に従事しているなかで対象者がたまたま出所者であったケース、とに分けられる。[17] 詳しくは、第2章および第3章において実践例が紹介されている。本節では、他章において説明が加えられていないが、現場のソーシャルワーカーが知っておくべきであり、かかわることも想定される地域生活定着支援センターの役割に焦点化して、簡単に説明を加えたい（column①も参照）。

⊙刑事司法ソーシャルワークの専門機関としての地域生活定着支援センター

厚生労働省と法務省との連携による地域生活定着支援センターは、現在では、すべての都道府県に設置されている。地域生活定着支援センターの業務は、①コーディネート業務（特別調整・一般調整）がその中核におかれ、矯正施設から出所までのあいだに帰住予定地などで必要な福祉サーヴィスなど調整することに加え、②コーディネート後に、帰住地における支援・見守りなどを行うフォローアップ業務、③援護の必要な出所者にかかわって関係者からの相談や問い合わせなどに応じる相談支援業務のほか、④地域生活定着支援センター事業の説明や研修など実施啓発活動、⑤様々な支援のネットワークづくりなどのその他必要な業務が行われている。

特別調整とは、生活環境調整のうち、高齢であり、または障がいを有する入所者等であって、かつ適当な帰住予定地が確保されていない者を対象として、特別の手続にもとづき帰住予定地の確保その他必要な生活環境の整備を行う福祉的支援を意味する。特別調整の仕組みは**図1―⑧**のとおりである。①高齢（概ね六五歳以上）であり、または身体障がい、知的障がいもしくは精神障がいがある（障がいの疑い含む）と認められること、②釈放後の住居がないこと、③高齢または身体障がい、知的障がいもしくは精神障がいにより、釈放された後に健全な生活態度を保持し自立した生活を営むうえで、公共の衛生福祉に関する機関その他の機関による福祉サービス等を受けることが必要であると認められること、④円滑な社会復帰のために、特別調整の対象とすることが相当であると認められること、⑤特別調整の対象者となることを本人が希望していること、⑥特別調整を実施するために必要な範囲内で、公共の衛生福祉に関する機関その他の機関に保護観察所の長が個人情報を提供することについて同意していること、が要件とされている[18]。また、特別調整による支援の流れは**図1―⑨**のとおりである[19]。

たとえば著者も所属する大阪府地域生活定着支援センターでは、**写真①**のようなリーフレットを用いて、対象者にその役割を可視的に説明する試みも行っている。注目すべきは、単に住まいや仕事に関する福祉的な支援を行うというだけではなく、出所後に、社会で生活していくための支援であること、そのためにはこれまでの犯罪行為についてきちんと向き合い、これからどのような生活をしていきたいのか、ということを一緒に考えていくという姿勢を明確にしている点である（column①も参照）。犯罪からの離脱のためにもこの姿勢は重要な過程になると考えられる（Veysey 二〇一五）。

この地域生活定着支援センターは[20]、いわば司法福祉機関ともいうべきものであり[21]、刑事司法ソーシャルの専門機関として、大きな期待をかけられ、「純粋な」福祉機関のソーシャルワーカーを中心とした地域における多機関

図１―⑧　特別調整の概念図

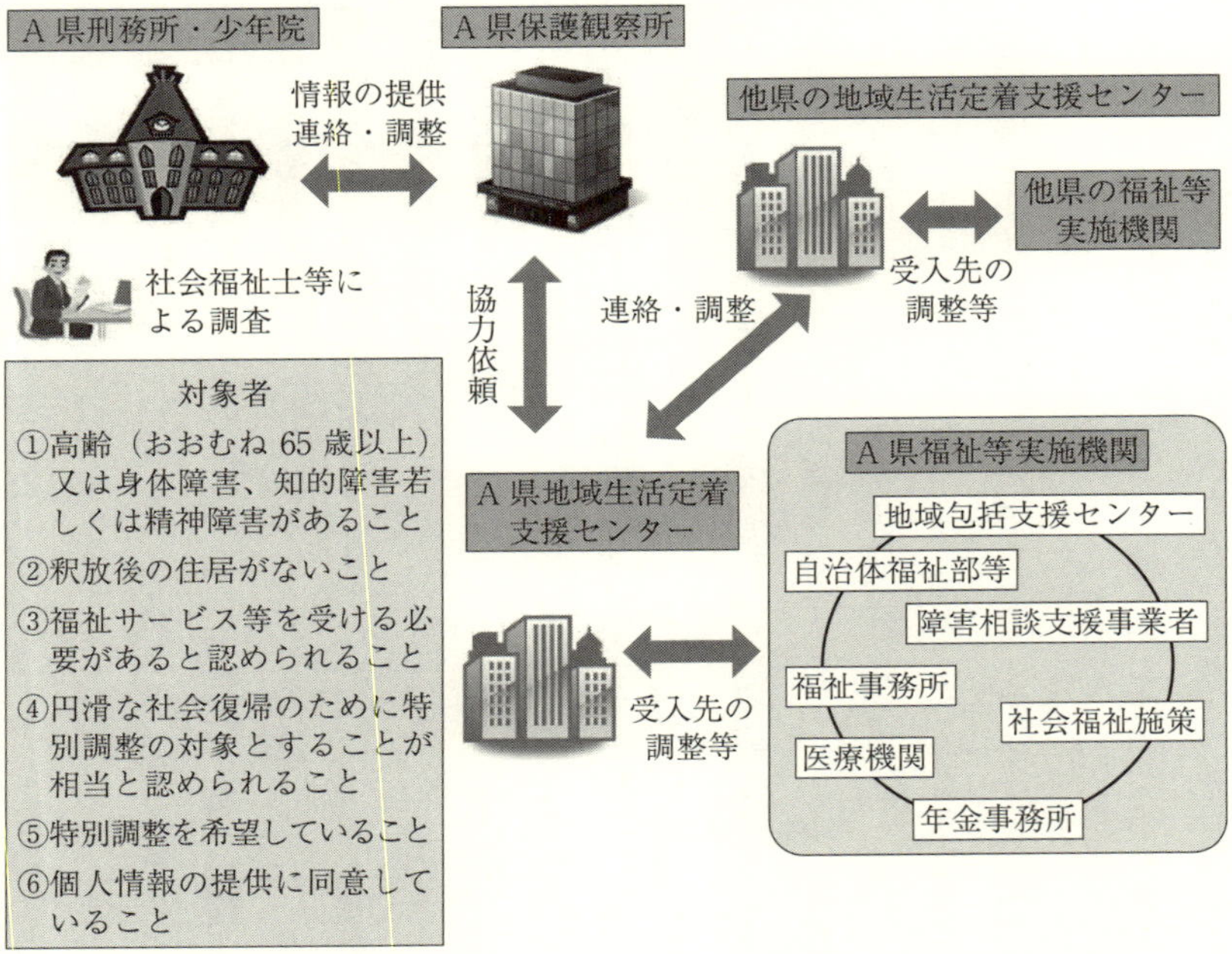

出典：法務省ホームページより。

図１―⑨　特別調整による支援の流れ（大阪府の場合）

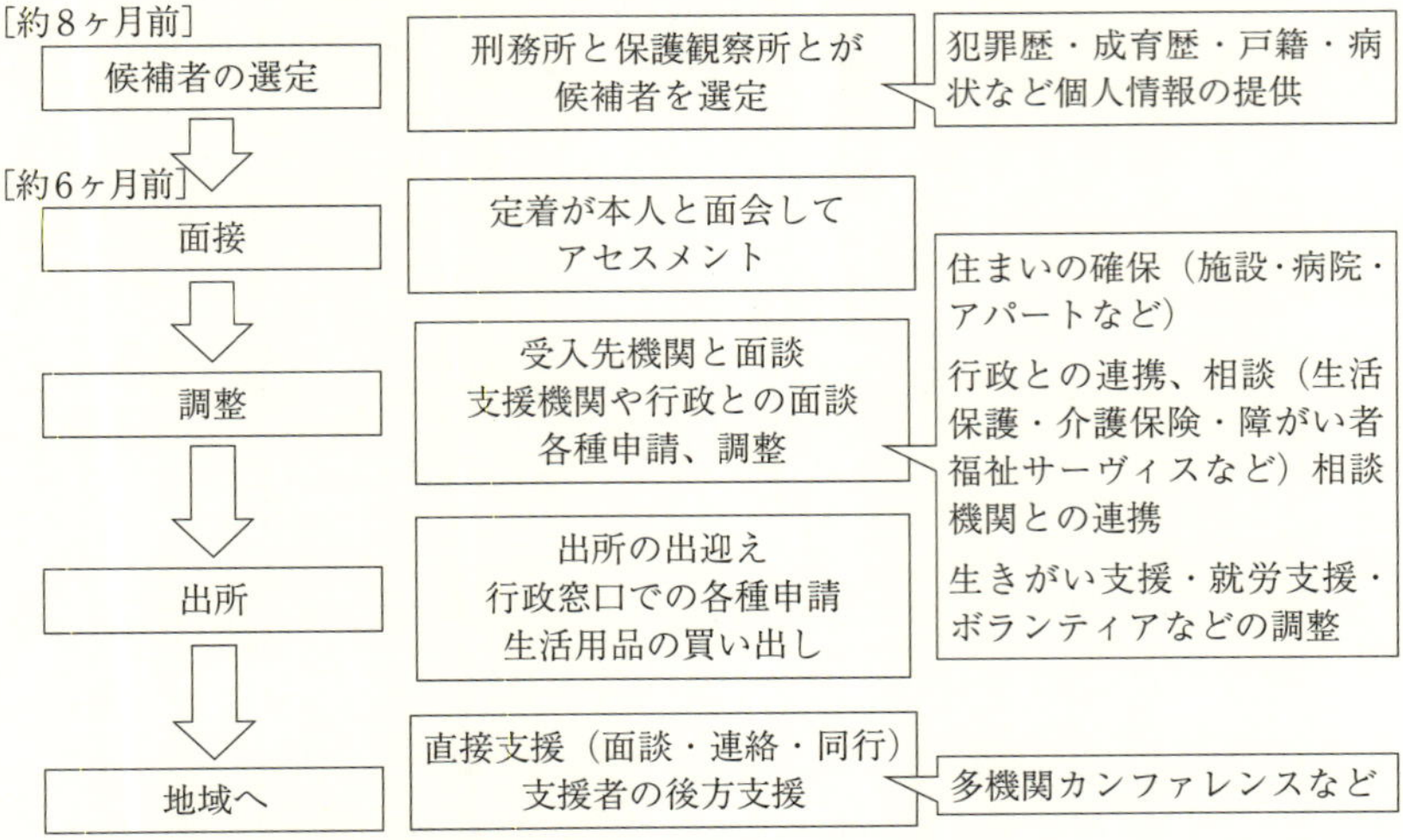

出典：大阪府地域生活定着支援センターの資料より著者作成。

写真① 地域生活定着支援センターの役割

大阪府《おおさかふ》地域《ちいき》生活《せいかつ》定着《ていちゃく》支援《しえん》センター
スタッフの　　　です！

・私《わたし》は、あなたがこれから社会《しゃかい》へ出発《しゅっぱつ》するために、協力《きょうりょく》します。
・あなたがこれまで失敗《しっぱい》したことや後悔《こうかい》していることを思《おも》い出《だ》し、なぜそうなってしまったのか、原因《げんいん》を一緒《いっしょ》に考《かんが》えていきます。
・あなたがこれからどんな生活《せいかつ》をしたいのかを聞《き》きます。
・あなたが社会《しゃかい》で生活《せいかつ》するための、事前準備《じぜんじゅんび》を手伝《てつだ》います。
・社会《しゃかい》に出《で》てからも、あなたの生活《せいかつ》を応援《おうえん》します。

なんでも相談室

＼ちょっと聞《き》かせてください!!／

これまでのあなたについて、ふりかえってみましょう。

これからは自分できる！

自分《じぶん》の住《す》まいがあること
相談《そうだん》できる施設《しせつ》やグループ
趣味《しゅみ》をいかすつくる
楽《たの》しいくらし
お金《かね》をうまくつかう
仕事《しごと》ボランティア

やっとわが家
せんたくして身のまわりをせいけつに
ゆっくりTVを見よう
ちょっとティータイム
カラオケでいいキモチ
料理だいすき
サッカーやりたいナ
みんながあつまっていろいろ相談できるところ
デイサービスや介護のサービスなど
おいしいナー
健康をたもつ
買物上手
こんなヒマつぶしもたのしいネ
動物園
図書館
いつもそばにいるともだちくんたち
人のために
お金はかぎりあるもの
しごと見つけよう

コーディネートの流れ

刑務所
<社会福祉士の活用>
・入所後早期に福祉的支援にかかるニーズを把握
・福祉サービス申請のための手続き等の助言

保護観察所
<保護観察官による調整>
・自立方針の作成・福祉への移行に向けた調整
・更生保護施設での一時的受入に向けた調整

更生保護施設（民間）
社会復帰のための専門的な生活指導の実施
施設退所後における福祉サービスの受給に向けた調整

福祉による支援を受けるための調整

福祉サービスを受ける自治体決定に向けた調整

地域生活定着支援センター
矯正施設と地域社会との調整

福祉サービス受給のためのコーディネート

都道府県
市町村
福祉事務所
社会保険事務所
地域包括支援センター
相談支援事業所

障害者支援団体
特別養護老人ホーム
グループホーム
デイサービス
医療機関

矯正施設 ⟷ 地域社会

コーディネート
矯正施設（刑務所、少年刑務所、拘置所及び少年院）で、特別調整対象者との面接を行い、ニーズや課題を見極め、出所前から具体的な支援を調整していきます。

フォローアップ
特別調整対象者が矯正施設（刑務所、少年刑務所、拘置所及び少年院）を退所し支援につながった後も、地域生活の継続を目指し本人を支える支援者のフォローアップを行います。

相談支援
特別調整対象者以外でも、矯正施設（刑務所、少年刑務所、拘置所及び少年院）を退所した後に支援が必要になった人や関係者の相談を受け、必要な支援を調整していきます。

ネットワークづくり
出所後の生活を支えるために、さまざまな機関と連携しています。お互いの役割理解や、円滑な連携を目指し、会議や勉強会などを行っています。

普及啓発
社会での協力者を増やすために矯正施設（刑務所、少年刑務所、拘置所及び少年院）の状況を伝えたり、支援の必要性を研修やフォーラム、ホームページなどを通じて発信しています。

地域生活定着支援センターって何？

刑務所など矯正施設からは、年間約3万人の人たちが出所します。その中には安定して地域生活を送ることが困難な状況におちいってしまう人たちも少なくありません。この課題に対して、矯正施設や少年院などの出所に際し、支援が必要との認識のもと、福祉と司法がタッグを組んで「地域生活定着支援事業」を開始しています。

この事業では全国都道府県に「地域生活定着支援センター」の設置が進められ、特別調整などの形で支援を実施しています。高齢、障がい、帰る場所がない、地域生活が困難など、福祉の援助が必要な人たちを支援します。大阪府では、２０１０年7月から事業を実施し、2013年4月から『一般社団法人よりそいネットおおさか』が受託しています。

<代表者挨拶>
「一般社団法人よりそいネットおおさか」は、相談支援活動、啓発活動、研究・提言活動、研修活動を軸に進めてきました。身寄りや居場所がない、既存の支援になじめないなどの課題から、罪を繰り返してしまう人がいること。そして取り巻く家族、地域社会、施設なども触法という課題に直面していることを学びました。そんな中一人ひとりによりそい地道に実践している方々も多く、連携の輪を広げながら取り組む私たちの活動につながっています。こうした課題を発信し、実践を通じて活動や人をつなぎ、居場所のある地域生活と排除のない社会を実現していくことが「よりそいネット」の想いです。ご理解、ご協力を賜りますよう、よろしくお願いいたします。
一般社団法人よりそいネットおおさか 代表理事 梶本 徳彦

<沿革>

2008年5月	準備会を設立
2009年4月	任意団体「よりそいネットおおさか」（福祉の支援を必要とする矯正施設等を退所した人々の自立支援おおさかネットワーク）を設立
2013年3月	法人格を取得、「一般社団法人よりそいネットおおさか」となる
2013年4月	「大阪府地域生活定着支援センター」事業を大阪府より受託

一般社団法人
よりそいネットおおさか
住所 〒542-0012
大阪府大阪市中央区谷町 7-4-15 大阪府社会福祉会館２階
TEL 06－6762－8644 FAX：06-6762-8645
ホームページ http://yorisoi-osaka.jp/

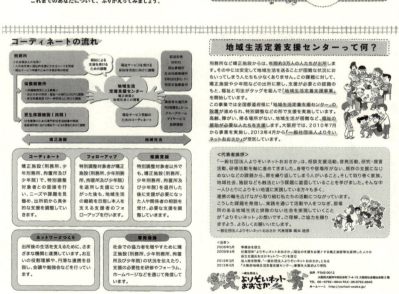

多職種によるチームアプローチを実践するなかでの支援開始当初のコーディネーターとしての役割を担うようになっている。このコーディネーター役は、支援の進展にともない、様々な機関へとバトンをつないでいくことが理想的なかたちであると考えられるが、バトンをつないだあとでも、再犯などの問題を含め、何か起こったときには地域生活定着支援センターに相談すればよいという「信頼感」が築かれつつある。[22]

4　ソーシャルワーカーの心構え

⊙意思決定過程にも支援が必要な出所者

福祉的支援を要する出所者の多くは、自分自身で体験した事柄についてしかイメージできないことが多い。体験したことであったとしても、刑務所と更生保護施設との違いがよく理解できていなかったり、たとえば何軒かのグループホームに入所経験があるような場合にその違いが理解できていなかったりもする。理解できないことであっても、その場の流れに応じて同調してしまう傾向もみられる（未理解同調性）（のぞみ園 二〇一七：八）。また、本人の意向を最大限にかなえる方向で支援を組み立てることが重要であることに変わりはないが、それが即再犯につながるなど、様々なリスクに直結する場合には、それを避けることを検討する必要が生じる。このように、福祉的支援を要する出所者に共通しているのは、自分の日常生活を想像する力の欠如である。育ちが剝奪されたなかで、自分自身で自分自身の生き方について決めてきた経験がほとんどない者も少なくなく、支援者が提示した選択肢のなかから選ぶということに終始してしまうこともありうる。[23] 出所者の本音を引き出すことの難しさがあり、意思決定過程そのものにも支援が必要であることが多い。さらに、ほとんどの支援対象者に金銭管理が必要な状態に陥っている。加えて、当該支援者が本当に信頼できるのかどうかを確かめるための「試し行動」を行う出所者や、刑務所のなかでの様子と出所後とで態度が変わってしまう出所者が稀にいることにも相応の注意が求められる。

⦿誰の、何のための出所者支援か？

出所者支援のすべての過程に一人で当たることは難しい。そのため、出所者支援には草の根のネットワークづくりが不可欠である[24]。支援にあたるソーシャルワーカーが様々な社会資源とつながらなければ、支援の対象となる出所者をつなげることはできない。支援者間でお互いの「顔」の見える関係をいかに築いていくことができるかが、出所者の社会復帰――地域定着――に向けてのカギとなる。

他方で、高齢者や障がい者による犯罪に対して、固有の政策が論じられるようになった昨今、犯罪行為者の特性に応じた差異的な制度が確立しつつある。福祉の定義をいかに論じるかによっても変わってこようが、高齢者であればこれ、障がい者であればあれ、といった分類化が可能になる。反対に、高齢者でなければ受けられないこの支援、障がい者でなければ受けられないあの支援という、支援を受けるための「資格化」が進行しているともいえる（掛川 二〇一七：一四）。

全体としての犯罪が減少する日本において注目を集めている高齢者や障がい者といったカテゴリーは、被害者性を一部有するものであるとみることもできそうである。すなわち、加害者も象徴的な加害者役割を担う〈極悪非道なモンスターとしての〉加害者と、そこからはいくぶんか逸脱した同情に値し酌むべき事情がある〈かわいそうな〉加害者とに分類され、それぞれに役割期待が求められ、前者には徹底的な戒めと排除を、後者には恩恵としての支援と包摂を、というような二分化が生じている。福祉的支援の対象がこの〈かわいそうな〉加害者に限定され資格化されていけば、その「要件」を満たさない者に対しては支援に値しないという流れをつくり出すことになってしまいかねない[25]。目指すべきはあくまで福祉的支援の必要な者に、必要な福祉的支援を行うことにある[26]。出所者に対してまずは、生活困窮者の一人としての視点をもち、その他の福祉的支援の対象者と同じくして支援を行うことのできる体制を整えることが重要である。「同情に値する」「かわいげがある」等ということをある種の条件に〈かわいそうな〉加害者だけが福祉的な支援の受給者として資格化しないための仕組みを問い直す必要があるだろう（掛川 二〇一七：一五）。

また、再犯をしないということ――再犯防止――は、出所者の自由で幸福な生活をかたちづくっていくために行われる福祉的支援の結果の一つであって、決して目的ではない。支援をするなかで、対象者が再犯にいたってしまうことは、支援者としては、たいへんにしんどいことである。しかし、だからといって、「再犯をさせない」ということが目的と化してしまっては、誰の、何のための支援なのか、ということがわからなくなってしまう。「再犯防止は決して目的ではない」ということは、出所者支援を行うなかで、何度も繰り返し問い続けなければならない。

最後に、さらに詳しく犯罪現象について学びたいかたは、社会学、心理学、法学の立場からバランスよく概説を行っている岡本英生・松原英世・岡邊健『犯罪学リテラシー』（法律文化社、二〇一七年）を、実際に出所者支援に取り組もうと考えたかたは、『理論と実践で学ぶ知的障害のある犯罪行為者への支援』（独立行政法人国立重度障害者総合施設のぞみの園、二〇一七年）を、出所者支援でもとくに入口支援に取り組みたいかたは、堀江まゆみ・水藤昌彦監修／東京TSネット編『更生支援計画をつくる――罪に問われた障害のある人への支援』（現代人文社、二〇一六年）を読まれることを推奨しておきたい。

〔注〕

（1） 本書の対象は、主に成人の手続を前提としている。少年の手続については制度が異なるため、注意が必要である。

（2） マスコミ報道等では、「容疑者」と呼ばれる罪に問われた人たちは、法律用語では、警察・検察の段階では「被疑者」、裁判の段階では「被告人」と呼称されることになっている。被疑者・被告人の段階では「無罪推定の原則」が働くため、あくまで罪を犯したと疑われる存在でしかないということを忘れてはならない。

（3） 本書のなかにも、矯正施設だとか、刑事施設だとか、刑務所だとか、といった用語が同じような文脈で出てくる。定義としては、矯正施設は、刑務所・拘置所・少年院・少年鑑別所・婦人補導院を指し、刑事施設はそのうちの刑務所、拘置所を指す、というように大まかにおさえておくとよいだろう。

（4） 宮澤（一九九六：二四）はこの状態を、社会福祉の尻拭いを刑事司法が行っていた、と指摘する。刑事司法と福祉との接点は以前から指摘されていたことではあるが、刑事施設の目的は社会との隔離にあり、福祉施設のそれは社会との接点をもち続けながら生活を続けることにあるはずである。そもそも両者には根本的な目的が違うということを認識しておく必要がある。

（5） 本書の書名にも用いられているこの「出所者」ということば。支援に携わる人びとのなかでは、同じ属性をもつ人びとのことを「刑余者」と呼称することもある。しかし、このことばが用いられる前提には、罪を犯す者は犯罪者であり、犯罪者だから罪を犯すという本質主義的な考え方が潜んでいる。罪を犯した〈悪い〉者は、更生すること、悔い改めることを強いられる。一定期間の自由を奪われ、刑期を終えて出所者した者が「刑余者」と俗称されていたことの理由はこのように考えられる。そこで本書では、ある種の差別的な意味合いをもつ「刑余者」ということばを用いず、ひとまずは「出所者」ということばを用いることにする。

（6） 「前さばき」といって、逮捕できる可能性の低い事件については、警察官が書類を作成しないこともある。

（7） 勾留は、罪を犯したとされる証拠の隠滅を防ぎ、公判等への出頭を確実にすることにその目的があるといわれている。この勾留を一定の条件のもとで解く制度を「保釈」という。保釈の請求は、通常は刑事弁護人によって行われ、認められれば判決が下されるまで自宅から公判に通うことができる。保釈には、担保としての保釈保証金が求められ、その額は資産に応じて決められる。最低でも一五〇万円程度というのが相場となっている。この保釈金は、判決の言い渡しが終われば全額返金されるが、公判に出廷しない等、課された一定の条件を守らないと没収されてしまうこともある。起訴される前の被疑者段階での保釈は制度上認められていない。なお、そもそも身体勾留をともなわない在宅事件も存在する。

(8) **図1—①**にもあるように、刑事司法手続きの「入口」段階にあたる捜査・裁判段階に行う福祉的支援が「入口支援」、「出口」段階にあたる矯正施設等からの出所段階に行う福祉的支援が「出口支援」と俗称されている。

(9) この点、入口支援が功を奏して、執行猶予判決等を得られた場合等にも注意が必要である。

(10) 受刑者の資質および環境の調査では、受刑者の精神状況、身体状況、成育歴・教育歴・職業歴、暴力団その他の反社会的集団への加入歴、非行歴および犯罪歴ならびに犯罪性の特徴、家族その他の生活環境、職業・教育等の適性および志向、将来の生活設計、その他受刑者の処遇上参考となる事項について詳細な聴き取り等が行われる。なお、処遇調査の結果は保護観察所等にも通知され、生活環境（帰住先等）の調整等にも活用される。

(11) 貧困を幸福を追求するための「自由」が欠如した状態だと定義した概念だととらえるとするのであれば（志賀 二〇一六）、社会における「自由」な生活をむしろ苦痛に感じてしまう人びとが存在するわたしたちの社会のあり方こそを問いなおさなければならない。

(12) もっとも、そもそもこの権利をえられなかった人びとが受刑者になっている、という側面があることも忘れてはならない。さらに、多重債務をかかえていたり無戸籍であったりと、法的なニーズをかかえていることも少なくない。この点については、第6章およびcolumn⑦も参照されたい。

(13) ほかにも矯正施設等への入所中は、公職選挙法一一条一項二号により選挙権や被選挙権の行使が制限される。また、満期釈放後も刑法三四条の二によって一定の資格制限を受けることを強いられることになる。この点、菊田（二〇〇七：五四七）は、この条項は「いったん犯罪を犯した者は、……社会に復帰しても一般国民から徹底的に排除することを宣言していることを意味する。……刑法三四条の二（刑の消滅）は即刻削除されるべきである」と主張している。

(14) 職権消除により住民票がない受刑者については、法務省矯正甲六一〇号矯正局長通達「刑務所に入所している者の住民登録について」（一九六一年七月六日付）の活用により住民票を設置し、同じく住民票がない障がいをもつ受刑者については、厚生省社発四四一号社会局長通知「矯正施設収容者に対する身体障害者福祉法の適用について」（一九五七年六月一九日付）を活用し、援護の実施を行う市区町村を確定し、生活再建に向けた諸所の手続きを行うことができる（萱沼 二〇一七：一九七）。

(15) 二〇一六年の仮釈放率は五七・九%となっている。刑の執行率からみれば、九〇%以上が三三・四%、八〇～八九%が四七・七%、七〇～七九％が一七・八％、七〇％未満が一・二％とされている。

(16) 現在の保護観察処遇の到達点については、今福・小長井編（二〇一六）が詳しい。

(17) 特別調整の対象者に選定されると、矯正施設や保護観察所で聴き取られた受刑者のプロフィール、犯罪の状況、障がいや要介護の状態、医療状況、日常生活状況、社会性、性格・行動の特徴、将来の生活設計等についての情報が提供される。矯正施設等に配置されている社会福祉士や保護観察官、さらには地域生活定着支援センターの相談員と、民間の支援団体などで出所者支援に携わっているソーシャルワーカーとでは、提供される情報の量が異なっている点にも留意が必要である。

(18) 一方、一般調整とは、釈放後の一応の住居はあるものの、福祉的支援のニーズを有している高齢または障がいの受刑者が対象とされ、特別調整に準じた調整を指す。

(19) この流れは、刑務所ごとに少し異なるところがある。

(20) 地域生活定着支援センター設立当初から、そのパイオニアとして最前線を走り続ける伊豆丸（二〇一七：二一二）は、刑事司法と福祉との連携で求められるのは、「『社会復帰』を主眼に置き、その実現に資する様々な要素をかき集め、自身の次のセクションを担う機関、検察や弁護士であれば裁判所、裁判所であれば社会資源や刑務所へと、一連の流れの中で引き継いでいくこと」である、と指摘している。

(21) 「純粋な」福祉機関とは、刑事司法との関係をあらかじめ前提とした福祉の諸機関との対比のなかで用いる造語である。具体的には、福祉事務所や生活困窮者の総合相談窓口を中心に、地域包括支援センター、基幹相談支援センターなどといった出所者を受け入れる可能性のある福祉の諸機関を、刑務所の福祉専門官・社会福祉士や地域生活定着支援センター等のいわば「司法福祉的な」諸機関と区別するために、「純粋な」福祉機関と表記している。

(22) ただし、地域生活定着支援センターは、地域によって受託団体も異なれば、その地域が有する社会資源の多寡も異なる。受託件数が年間一〇〇件を超えるところもあれば、数件というところもある。したがって、地域による支援の「格差」も生じており、期待される役割も異なっているため、一律に評価するのは難しい現状にある点には留意が必要である。

(23) このとき、支援者の出所者は「かくあるべきである」という像――一方的な正義――を押しつけたり、みずからの法人に利益を傾斜させるような恣意的な誤導がないように細心の注意を払わなければならない。なお、刑事司法ソーシャルワークの本質については、第7章を参照されたい。

(24) 著者が主体的にかかわるところでは、大阪では、大阪府地域生活定着支援センターが中心となって、高齢者や障がい者がなぜ罪を犯したのかという背景に目を向け、ともに学ぶなかで支援の輪を拡げていこうとする「なんでRing」や「支援対象者が犯罪をやってもうた」ときに適切に対応できるように司法福祉の仕組みをきちんと学ぼうという趣旨で刑事司法ソーシャルワーク論の第一人者である水藤昌彦が講師を務める「ＭＯＴＡの会」が、さらに第6章の執筆者でもある安田恵美が中心となった啓発事業である「刑務所ぐらし　シャバぐらし」が、名古屋では、第2章の執筆者でもある橋本恵一とともに名古屋市内に点在化するバルやコミュニティカフェを会場に出所者支援のネットワークづくりを行う「しゃば～ル」という取り組みがある。

(25) 近年、更生した姿を華々しく語る「理想的な出所者」でなければ、社会の一員として認められないような風潮も見受けられるが、すべての出所者が崇高な社会復帰像を追い求める必要はないはずである（掛川 二〇一六ａ：七五）。

(26) 出口支援でかかわっている人が再犯にいたれば入口支援にシフトしていくことにもなるなど、いうまでもなく、時系列的に、刑事司法手続きの「入口」や「出口」に限定するべきではない。

《参照文献》

伊豆丸剛史（二〇一七）「司法と福祉の連携――累犯障害者と地域生活定着促進事業」浜井浩一編『犯罪をどう防ぐか』岩波書店、二〇五～二二五頁。

今福章二・小長井賀與編（二〇一六）『保護観察とは何か――実務の視点からとらえる』法律文化社。

Veysey, Bonita M. 2015 'Offender Rehabilitation and Reform' *In Annual Report for 2014 and Resource Material Series* No.96 pp.58-62.

掛川直之（二〇一六ａ）「地域福祉課題としての出所者支援」水野有香編『地域で支える出所者の住まいと仕事』法律文化社、六三～七七頁。

掛川直之（二〇一六ｂ）「矯正施設等出所者に対する居住支援――刑事司法領域における現状と課題」居住福祉研究二一号、四五～六四頁。

掛川直之（二〇一七）「福祉と刑事司法との連携が生みだす新たなる排除――社会復帰支援のパラドクス」関西都市学研究創刊号九～一七頁。

萱沼美香（二〇一七）「社会保障からみた社会復帰の課題」加藤幸雄・前田忠弘監修／藤原正範・古川隆司編『司法福祉――罪を犯した人への支援の理論と実践〔第二版〕』法律文化社、一九六～二〇二頁。

菊田幸一（二〇〇七）「社会内処遇の受容と拒否」菊田幸一・西村春夫・宮澤節生編『社会のなかの刑事司法と犯罪者』日本評論社、五三九～五四八頁。

Goffman, Erving 1961 *"Asylums: Essays on the Condition of the Social Situation of Mental Patients and Other Inmates"* Anchor（＝石黒毅訳（一九八四）『アサイラム――施設被収容者の日常世界』誠信書房）.

志賀信夫（二〇一六）『貧困理論の再検討――相対的貧困から社会的排除へ』法律文化社。

独立行政法人国立重度知的障害者総合施設のぞみの園（二〇一七）『理論と実践で学ぶ知的障害のある犯罪行為者への支援』独立行政法人国立重度知的障害者総合施設のぞみの園。

浜井浩一（二〇〇六）『刑務所の風景――社会を見つめる刑務所モノグラフ』日本評論社。

浜井浩一（二〇〇九）『二円で刑務所、五億で執行猶予』光文社。

浜井浩一（二〇一一）『実証的刑事政策論――真に有効な犯罪対策へ』岩波書店。

浜井浩一（二〇一三）『罪を犯した人を排除しないイタリアの挑戦――隔離から地域での自立支援へ』現代人文社。

堀江まゆみ・水藤昌彦監修／東京TSネット編（二〇一六）『更生支援計画をつくる――罪に問われた障害のある人への支援』現代人文社。

宮澤浩一（一九九六）「日本の刑事政策とベッカリーア・メダル」犯罪と非行一〇七号、四～三一頁。

山本譲司（二〇〇三）『獄窓記』ポプラ社。

Column ②

保護観察所が行う出所者支援

福西　毅　大阪保護観察所統括保護観察官

保護観察所とは

保護観察所は、法務省保護局の地方支分部局として、全国五〇ヶ所（都道府県ごとに一ヶ所、北海道は四ヶ所、そのほか支部、駐在官事務所がある地域もある）にあり、「更生保護」にかかわる事務を行っている。

「更生保護」とは、犯罪をした者および非行のある少年に対し、社会内において適切な処遇を行うことにより、再び犯罪をすることを防ぎ、またはその非行をなくし、これらの者が善良な社会の一員として自立し改善更生することを助けること（更生保護法一条）であり、仮釈放、保護観察、生活環境の調整等がその主な内容になる。

刑事司法のなかにこのような役割を持つ機関が置かれているのは、刑事司法手続きが反社会的行為に対する応報という目的を持つだけではなく、犯罪をした者の改善更生もその目的の一つであるという考えにもとづく。そして、改善更生という目的を達成するためには、社会から隔離し拘禁するよりも、社会での生活を続けさせながら指導、援助したほうが効果的であり、また、施設に収容した場合でも、その後引き続いて社会内で必要な指導や援助を行ったほうが、本人の改善更生に役立つと考えられることから、社会内で処遇を行う保護観察所が設置されたのである。

保護観察所は、個々の犯罪に至った動機や資質の差異に応じて、個人ごとにふさわしい方法により処遇を行う（更生保護法三条）こととされている。つまり、個人個人によって異なる問題性や課題に応じて、個別に対応することが求められているのである。

更生保護の業務で中心的役割を果たしているのは、国家公務員である保護観察官である。しかし、保護観察官はその数が少ないため、民間の篤志家である保護司がボランティアとして保護観察官と協働して本人への処遇を行っている。

保護観察

保護観察は、更生保護のなかで中心的な業務である。保護観察処分を受けた少年、少年院を仮退院した少年、刑務所を仮釈放になった者、保護観察付執行猶予判決を受けた者、がその対象になる。一方、刑務所出所者のうち満期で釈放された者は保護観察の対象にはならない。

保護観察で行われる処遇には、保護観察官または保護司が本人と定期的に面接し、保護観察中に守るべき事項である遵守事項を守るよう指導監督をすることに加え、就労や住居、福祉や医療など、本人の生活上の様々な問題の解決を図るため補導援護を行うことが含まれる。保護観察官が特定の犯罪的傾向（性犯罪、薬物犯罪等）を改善するため、専門的処遇プログラムを実施することもある。

そして、指導監督は本人の意思にかかわらず行うことになるが、補導援護は本人の「自助の責任を踏まえつつ」（更生保護法五八条）、本人の意思を尊重して行うこととされる。この主に補導援護にあたる部分が、保護観察所が行う出所者支援といえる。保護観察官や保護司は本人の意思をふまえつつ、協力雇用主といわれる本人の事情を知ったうえで雇用する雇用主等への就職を調整したり、住居を失った者に対し更生保護施設等の住居の調整を行ったり、福祉や医療が必要な人に対し地域の福祉や医療機関へ調整や相談を行うといった支援を行っている。

保護観察を受ける者の背景に、貧困や精神障がい、依存症、虐待等の問題が認められることは少なくない。とくに犯罪を繰り返す者には、そういった問題が重なって認められることも多い。そのため、指導監督というかかわりのみで本人の更生を実現することが難しいケースは多く、補導援護、つまり支援的な観点で行う処遇は、本人の更生を図るために必要不可欠であると考える。

生活環境の調整

生活環境の調整とは、本人が刑務所や少年院に収容されている間に、その社会復帰を円滑にするため、保護観察官または保護司が本人の家族やその他の関係人を訪問して協力を求めるなどして、釈放後の住居、就業先その他の生活環境を調整することをいう。引受人と呼ばれる協力者や、釈放後の住居を確保することが仮釈放の条件の一つとされているため、生活環境の調整は、本人を仮釈放やその後の保護観察につなげるために重要である。この生活環境の調整も、本人が釈放されたあとの環境を調整するものであり、本人への支援という側面を有している。

今後の課題

以上のとおり、保護観察所は出所者の支援を行っているが、保護観察所が本人とかかわるのは、本人の問題が解決するか否かにかかわらず、あらかじめ定められた保護観察期間という限られた期間となる。それは、保護観察が刑事司法上の処分であるためである。また、刑務所出所者という本人の情報はきわめて高度に守られるべき個人情報であることから、それを明らかにすることについて、保護観察所はこれまで非常に消極的であった。その結果、保護観察所が行う支援は、保護観察期間が終わると途絶え、地域の支援者に引き継ぐことができないことも多く、保護観察期間が終了すると、本人はその後地域で孤立して、最終的には、再犯に繋がるということも少なくなかったのではないだろうか。

しかし、山本譲司氏による『獄窓記』（ポプラ社、二〇〇三年）の出版以降、刑務所出所者のなかに福祉的支援を必要とする人が多くいるということが認識され、そういった人を支援しようという意識を持つ福祉関係者も増えてきた。私たちは、今後は本人の個人情報保護を意識しつつも、保護観察期間終了後も射程において支援を行い、保護観察が終了したあとはそういった地域の支援者に支援を引き継ぐという意識を持つべきではないか。そのために保護観察官は、これまで以上に地域に足を運び、地域の支援者とつながり、保護観察について理解を得たうえで積極的に連携を図ることが求められていると考える。

第2章

出所者は何を心のよりどころにするのか

——当事者主体の支援の必要性

橋本恵一　NPO法人さきしまサポートセンター事務局次長

1　問題意識

社会で生活するなかで、逮捕される、裁判を受ける、刑務所に収監される等の経験をした人と出会うことはどれだけ一般的だろうか。逮捕されるような「ワルモノ」は周りにいない、刑務所に収監されるほどの「アクニン」との付き合いはない、という人もいるだろう。逆に、身近な親兄弟、親戚、会社の同僚、友人・知人が逮捕され、裁判を受け、刑務所に収監された経験がある人もいるかもしれない。

筆者は、ホームレス支援を行うNPO法人で二〇一〇年から勤務しており、(刑務所の入所を除けば) ほとんど同じような境遇の人にかかわっていた。そのＮＰＯ法人にある刑務所から出所者の相談があり、同じような支援を行えば大変ではないだろう、という軽い気持ちで受けた相談が、出所者支援にかかわる始まりであった。

著者が現在所属しているささしまサポートセンターでは、生活相談やハウジング（居住支援）、行政の委託を受けてアパート生活者への相談支援、子どもの学習支援などに取り組んでいる。本章においては、ホームレス支援の一環として出所者支援に取り組む著者が、出所当事者の視点から、彼らが経験してきたであろう様々な不安について、できうる限り彼らの視点に立って論じるものである。

2　出所者の現状——出所後の状況

筆者のところに相談の依頼がくる人は、ほとんどが（なんらかの理由で）特別調整から漏れて、満期出所日が近づいている人たちであった。高齢の人も、知的障がいの人も、精神疾患の人も、ヤクザもいる。これまでのホームレス支援で会った人と同様、「金なし（無職）」、「宿なし」、「寄る辺なし」の三拍子そろった者たちであった。本書序章で指摘されたとおり、逮捕されても即刑務所に収監されるかといえばそうではなく、約二％という狭き門をくぐり抜けた人びとである。そうして、この狭き門をくぐり抜けて刑務所に収監された受刑者は、①「仮釈放」、②「満期釈放」、③「その他」のいずれかのかたちで出所することになる。いざ心待ちにしていた出所の日を迎えた人は、どのような心情だろうか。刑務所の門をくぐるとき、明るい未来に輝く社会を見るか。迎えに来る友人や家族はいるだろうか。

二〇一六年度の入所者のうち、再入者として再び刑務所に「戻って来た」人は五九・五％にも及ぶ。出所時の状況は、住居の有無や職業、援助できる関係者の有無が、その後の再犯にどのような影響を与えるのか、という実情を確認できる。援助できる関係者がいない場合、「更生緊急保護（保護カード）」を利用すれば保護観察所に行き、支援を求めることができる。[1] 自治体に生活保護の相談や申請をすることができると、釈前教育でも伝えられるという。それでもなお、彼らはなぜ刑務所に戻ってくるのか。なぜ再犯、再入を繰り返すのだろうか。

出所する際に誰も迎えが来ず、行く当てもないまま生活し、ついには持っている金もなくなり、無銭飲食や窃盗で逮捕、起訴、実刑を受けて刑務所に「戻ってくる」人が一定数おり、出所者のニーズがじつは、出所後生きるために「（再）入所する」ことで充たされている、ということだ。刑務所にたどり着くためのプロセスを幾度も経た人は、はたしてどのような人たちであろうか。

3 住居確保の必要性

出所の末に、再び刑務所に戻ってくる出所者の現状をふまえると、まず支援が必要であると考えられるのは「住まい」の確保だ（第4章参照）。満期で出所した際、刑務所の門を出たところから、独力（自力）で生きる術を開拓（獲得）しなければならない。住む場所を決め、そこで生活するために当地へ赴くことや、地域生活への（再）適応、暮らしていくための収入の確保、地域生活への定着等。一つひとつ、住まいが決まるまでの工程を細分化した際に、どれほどの人が自力でそれをこなすことができるだろうか。庇護的な（親や、職場等の）人がいれば頼れることもあるかもしれないが、出所時に帰住先がなく、頼れる関係性を持っていない人ができること——また彼らが、障がい・疾患・高齢を抱えての出所を迎えた場合——はどれほど限られているかを考えてみたい。

いざ出所の際、もともと住んでいた住所地を（受刑などの）拘束により長らく不在にすることによって、住民票を職権消除されていたケースなどは、住所がないために、出てきても健康保険に加入できないという問題に直面する。住所がないことによって、新たに住むための住居の契約ができない。住所がないことによって、新たに住むための住居の契約ができない。逮捕時に所持していなければ、自分が自分であることを証明するものもない。携帯の購入やそれにともなう契約ができない。逮捕時に所持していなければ、自分が自分であることを証明するものもない。自分が何かをしようと思ってもうまくいかない、不適応を起こす、疾患などがあれば、医療機関を受診できないために処方薬がなくなり、不安定になる等の現実に相対する。また、そのような人びとは、適切な制度利用などができないことで生活が立ち行かなくなる可能性が、他の出所者よりも大きくなる。そもそも定住期間が短ければ、住所変更や諸々の手続きがなされていない場合があり、障がいがあっても認定されていない、受診の継続ができていないために、手帳の取得ができない場合も多い。

障害者手帳を持っていた人は、障がい福祉の施策で、居住地特例[2]や地域相談支援給付[3]などの取り決めがある。保護観察所を経由した、あるいは福祉事務所への相談経路などの施策があることもわかっている。本章では、出所後、具体的にどういったかたちで更生緊急保護や、あるいは自治体の福祉施策に包摂される（またはされない）のかを提示する。

4 公的な「ホームレス数」と実相について

一方で、実際の制度の運用というのは、都市ごとに大きく異なる。ここでは、著者が活動する名古屋市における住所不定者の状況を例に簡単にみておく。住居がない者として市内の福祉事務所（各区、支所で二二ヶ所）に相談に行く場合、名古屋市では、援護施策[4]の対象者として、大きく分けて下記の四種類に分けられる。

①　今日寝るところがないための緊急的な応急処置としての緊急宿泊援護

②　年齢や稼働能力に応じた既存の入所施設（自立支援センター、更生施設等）への「振り分け」

③　（生保前提の）いわゆる無料低額宿泊所[5]や、無届けのハウジング（入居の契約後、生活保護申請）

④　その他（帰郷、措置）

①、②は通過施設を経由したそのあと住居の確保、および生活保護の実施へと至る。ここ数年の相談実績を見てみると、二〇〇七年度、延べ相談件数が一九九六件（実数三一三四名）あったものが、二〇一六年度は延相談件数が八四一六件（実数一八八七名）と減少傾向にある。名古屋市の場合、無料低額宿泊所を含む、直接入居契約を結んだあとに生活保護の適用を受けるケースが多いように感じる。毎年、厚生労働省が行うホームレスの概数調査では、二〇一七年一月の調査では一八二名となっているが、名古屋市内の届け出事業者をみると、二〇一八年三月二三日現在で二三施設、一一一九名の定員数がある。ここには以下の二点で留意すべきポイントがある。

一点目は、厚生労働省の概数調査が実相を反映していない、という点だ。前述のように、名古屋市内の相談で「住居のない者」の相談件数は一八八七名（二〇一六年）と減少しているが、概数調査に比して一〇倍以上の開きがある。この差はどこからくるかというと、相談者の様相が時代とともに変わってきているにもかかわらず、法的なホームレスの定義や概数調査の運用が変わっていないからだ。二〇〇二年に制定された「ホームレスの自立の支援に関する特別措置法」（以下、特措法）におけるホームレスは、「都市公園、河川、道路、駅舎、その他の場所を故なく起居の場所とする者」という定義になっている。しかし、実際に福祉事務所を訪れる相談者は住み込み就労や、家族間の不和、矯正施設出所などで路上生活（ホームレス状態）へと至る（都市公園、河川、道路、駅舎にはいない）者が多い。

二点目は、路上生活の状態から（無届け施設を含む）無料低額宿泊所等への入居（契約）、その後の生活保護申請へと至るルートだ。これは初期費用がかからず、ほぼ確実に生活保護へとつながるので、相談者の経済的負担が軽い。また、他都市や、過去に生活保護での生活を失敗しても、契約し申請をすると、福祉事務所としては申請自体を拒否することはできないため、前述の③の方法によって、自治体で共同生活である自立支援センターや更生施設入所等の選別をされるおそれもないことから、一定数の住所不定状態と（無届け施設を含む）無料低額宿泊所等、施設の往還があることは間違いない。一点目の指摘と重なるが、公的な指標である概数調査で一八二名のホームレスが目視確認されている現状で、届け出事業者に限定し、定員が一一一九名というのは、往還の存在や、実態と調査でわかるホームレス数の乖離があることは明白だろう。

5　出所当事者が抱える不安

◉知的障がい、累犯者の不安

【事例1】　Aさん　四〇代・男性　強盗致傷

隣県で出生し、兄弟はいない。小学生のころ両親が離婚し、施設での生活をする。中学で施設がかわり、非行歴があった。結婚・離婚歴は二回。子どもなし。三〇歳を超えるころから受刑、出所、徒食、路上生活を繰り返し、前刑（4入）は強盗致傷で九年であった。

Aさんはシェルターからアパートを確保した事例である。受刑中の面談で、「ずっと住める場所がいい」とAさんが話していたので、出所後、シェルターに入所し、Aさんの希望であるアパート入居を支援した。シェルターでのアセスメントを経て、支援付きのアパートに入居。居住の確保とあわせて、当面は日常生活の支援が必要と判断したためである。

出所前、療育手帳の再交付がされたが、他県での再交付であったことと、住民票が受刑によって消除されていたために、住民票の作成、手帳の切り替えを行い、配食サービスなどの障害福祉サービスを順次、生活のなかで計画していった。あわせて、シェルター入所中に無料低額診療の受診、紹介状もあり、精神科の訪問診療、訪問看護が始められた。

居住の確保をベースとして**表2—①**のように、入所から現在に至るまでに社会資源の利用を行った。

まず、住居確保のあとに金銭管理ができず、窃盗で逮捕されたAは、弁護士の協力も得ながら不起訴となった。すぐに配食サービスの開始と金銭管理を始め、生活の構築に入った。事務所での金銭管理に加え、医療では訪問診療を開始し、服薬管理と、当面（療育手帳の切り替えまで）のあいだ訪問看護で身辺のサポートを行った。居室内の掃除、片付けや買い物に同行するなど、高頻度でかかわれる訪問看護で提供した。本人が事務所までの道順を覚えてからは、原則、事務所での金銭管理（預かり・返金）を定期で行った。

療育手帳の切り替えが完了したのち障がい福祉サービスで家事援助、買い物同行等の移動支援が開始され、日中の就労にも就き始めた。

表２―①　Aさんのかかわりで活用した社会資源

ニーズ		形態	制度	
住居確保		シェルター	なし（自主事業）	ささしまサポートセンター
	住居確保	支援付き住宅	生活保護（福祉事務所）	ささしまサポートセンター
医療		受診同行	無低診	医療機関
	医療	訪問診療・看護	生活保護	医療機関（診療・服薬管理）
金銭管理		本人の来所	なし（自主事業）	ささしまサポートセンター
	金銭管理	金銭管理	権利擁護事業	権利擁護センター
経済		居宅保護	生活保護	福祉事務所
食事		配食サービス	障害福祉	障がい者基幹相談支援センター
生活		家事援助・移動支援	障害福祉	相談支援事業所
就労		就労継続支援B型	障害福祉	事業所

出典：著者作成。

⊙受刑中の受刑者の不安

【事例２】　Bさん　五〇代・男性　傷害・公務執行妨害
東北地方で出生し、兄弟は弟がいるが自死している。高校のころ両親が離婚。実母に引き取られる。大学中退後、営業職、事務職、自営にて建設業。二〇歳を超えるころから詐欺、窃盗、暴行等で受刑、出所を繰り返し、前刑（８入）は傷害、公務執行妨害で二年。出所時の手持ち現金は一〇〇〇〇円程度であった。

Bさんは統合失調症による、「金を借りてこい」等の陽性症状（幻聴）もあり、出所後も通院が継続できなかったことにより累犯化していた。これまで８入を経て、受刑中からかかわり始めて半年が経つ。

これまでBさんは疾患の症状があったが、それぞれの出所の際に医療機関に繋がることはなかった。とくに、出所者支援のうちで精神疾患がある人は①病識がないこと、②満期出所後は①の問題に加え、矯正施設の側からかかわることが不可能であること、③生活保護など行政機関の対応の窓口や制度、継続した支援の関係性がないために当事者の情報が伝わらないこと、④そもそも生活するための基盤がないためにそれどころではない（優先順位が低い）ことなどによって、治療やリカバリーへの道は開かれにくいという問題がある。

訪問診療や看護師の訪問の際、出所後二～三ヶ月で幻聴の内容について変化が出てきた。かかわりはじめの時は「金を貸せ」、「金を借りてこい」と話し続けていた幻聴は、しだいに食事の内容や生活態度についての批判をBさんに向け始めたのだという。受刑中の面談や出所当時、Bさんは事業を起こし、これまでの就労経験の再興を希望していたが、生活保護の受給や、安定した治療環境が確保されたあと、幻聴の変化が前述のように出てきた。眠れるようになり、生活の安定とともにこれまで得ることが難しかった地域生活への定着のなかで葛藤している様子である。住居や生活の確保を達成したBさんは、これまで経験し得ず、受刑期間で失った時間を取り戻すかのように就労に強い忌避を見せている。様々な理由がBさんの口から発せられ、食事、睡眠、食事、睡眠の繰り返しのなかで、今では起業の話も出てこなくなった。

◉公判中の被告人の不安

【事例3】 Cさん　四〇代・男性　傷害

愛知隣県で母、姉との生活で関係不和をきたし拘留。もともと幼少時に父を亡くし、母の親戚を頼って隣県へ移住。移住してからの生活で小学校高学年、中学生のころより非行歴があった。中卒後、就職するも長くは続かず、知人の誘いや刺青への憧れもあってヤクザに。ところが、それも長くは続かず組事務所から出奔。別の組に引き取られるかたちで落とし前をつけ、その後組長が捕まり、Cは実家に戻ることになった。このころから薬物の使用が始まり、常習化。暴走族に加入。一九歳のころ、自動車から燃料盗で逮捕、鑑別所を経て執行猶予。親族のとりはからいで、手に職があれば再犯しないだろうと、中学卒業後働いていたところへ再度就職。短期で解雇され、実家に戻って、紹介された解体業に就職。このころから就労は安定をみせ、以後一〇年近く転職をはさんで継続。三〇代半ばで、薬物使用で逮捕、執行猶予中に無免許運転。二年半、隣県の刑務所に服役。出所後、同時期に受刑していた仲間とつるんで、出所半年で再度逮捕、別の刑務所に一年半受刑。出所後、後遺症により不眠、幻覚、幻聴をきたし、医療機関につながった。アルコール依存と金銭の浪費、同居の家族との共依存関係の解消を課題とし、担当医からの紹介で公判中からかかわり、執行猶予の判決であった。

Cさんは面談後、シェルターの利用を経て民間の施設へ入居。普段からあまり自炊など家事をしていなかったために、単身でのアパート生活は希望せず、共同利用型の施設で食事が確保された場所を選んだ。生活保護の決定後、訪問診療に入り、アルコールや薬物からの離脱を目標にＳＭＡＲＰＰ（スマープ。依存症の認知行動療法）を訪問看護で導入した。

かかわり始めてからの生活は、施設での人間関係も良好に築くことができ、障害福祉サービスの利用で就労も開始。月を追うごとに生活リズムが安定し、金銭面での浪費課題も徐々に改善され、減量や喫煙も目標を立てながら達成できるようになったことで、Ｃさん自身も生活がうまくいっていることを実感できているようだ。

当初、執行猶予が明けるまで我慢して周囲に勧められた生活をして、実家に戻りたいという希望を口にしていたが、同居家族との共依存関係についても少しずつ適切な距離を確認できるようになってきた。継続した関係性を保ちながら、社会資源の利用もあわせてＣさんがどのように自身の希望を持てるか、また物理的にも精神的にもアルコールなどの薬物を必要としない生活を継続し、そのことをＣさんが認識して評価できるようになるように今後も援助を続けていきたい。

⊙生活環境の変化についての不安

【事例4】 Dさん　六〇代・男性　強盗未遂、銃刀法違反
もともとは路上生活者への支援過程で、アパート入居や公的サービスの調整を行ってきた。中学卒業後、地域の施設で生活ののち上京。繁華街、都市部での日雇い生活を経て、名古屋で路上生活をしていた。これまで二度の受刑は強盗未遂、銃刀法によるものであった。

Dさんと筆者が初めて会ったのは、Dさんが路上生活をしていた二〇〇三年であった。当時筆者が勤めていた法人の借り上げアパートに入居したDさんは、別の入居者とのトラブルを機にアパートを飛び出した。トラブルといっても、入居後五〇代にして初めて療育手帳を手にしたDさんは人懐っこく、同じアパートの住人宅へ話し相手として訪問することで相手からは「馴れ馴れしく」映り、拒絶され、出奔。その後、他都市でコンビニに入り、ケースに入れた果物ナイフを片手に「警察を呼べ！」と叫び、強盗未遂で逮捕された。

公訴ののち執行猶予がつき、緊急的に用意した宿所を飛び出し、自殺をほのめかすメモを残して宿泊場所をあとにしたため、捜索願を出し、その後愛知県内の警察署で保護された。

理解のあるアパートの大家に出会い入居をして、障がい福祉サービス（就労）の利用を開始した数日後、担当者会議で保護課、障がい者基幹相談支援センター、相談支援、事業所が集まり、その後出奔。他都市で同じように、カッターナイフで「睡眠薬を出せ！」とコンビニで迫り、逮捕となった。執行猶予中だったために実刑。仮釈放でアパートに戻り、就労を別の事業所で再開し、生保開始とともに金銭管理も始めたが、ある時いなくなっ

た旨連絡を受け、再び別の都市での拘留の連絡を受け、筆者は裁判の出廷（情状証人）をした。

二度目の出所後、さそしまサポートセンターの中間施設での生活が始まった。すぐに就労継続支援A型の仕事に就き、以前受給した福祉事務所へ返戻分の支払いを続けながら、今年の冬に実家への二十数年ぶりの帰省も果たした。

6　寄る辺なき人の寄る辺となること

先に述べたAさん～Dさんのように満期出所で所持金が少ない場合、第一に、宿泊場所、食べることなどの生活で直接的に必要な機能の提供である。そこでひとまずの安心を確保したあと、第二に、当人がどのような生活を送りたいか尋ね、言葉にし、共有していくこと。第三に、それを確立するために私たちにできることの表明である。

累犯で出所の場合、受け入れる人（機関）は皆無に近く、住む場所を確保できるか、不安に思っている人は多い。定住経験が少ない人、知らない土地での出所を迎える人らにとって、ゼロからの生活を始めようとするストレスは過大なものだ。

Aさんに限らず累犯で入所している人は、この先に何が起こるのかを見通せない、自分が出所前に思っていた生活を再構築するための「思考する能力」を受刑生活の（不自由な生活の）なかで抑制されることによって、「できること」、「やらなければならないこと」、「やりたいこと」の境界が曖昧になる。社会内で思い描いていた外部（他者）の反応や、障がい特性（知的、精神疾患）ゆえに不適応を起こしやすく、結果的に「（再）入所」できるいわば「成功体験」を獲得していった人びとである。寝る（住む）場所に困った時、即応的にそのニーズを満たしてくれる、本人たちの期待に答えたのは、皮肉なことに精神科への入院であり、警察であり、刑務所であった。いずれも拘束を前提としたものではあったが、背に腹は代えられぬものであった。

出所者を受け入れる社会は、その人に対して「再び社会を構成する一員」となりうる素地を十分に準備してあっただろうか。「安心につながる社会保障」に出会えるだけの機会を準備しているだろうか。「国民一人ひとり、子どもや高齢者も含めた誰もが、家庭で、職場で、地域で、活躍する場所があり、将来の夢や希望に向けて取り組む社会を実現する社会」が、無自覚に出所者に対して、あなたが属していない（別の）社会として構え、映すことで、出所者をむしろ遠ざけていたのではないかという自覚が必要なのではないか。前述までの事例に共通することは、著者が無力さ、特定の分野の知識のなさを自覚しながら、そばにいることで当事者の行動を観察し、そこに追体験から得られた解釈を加えることによって出された「存在を支援する」というスタンス――存在の支援――がある。

Aさんは三〇歳を前にして、触法をすることによって手帳の取得にいたった。

ひとり親、祖母との居住環境のなかで、そこに地域社会のAが持つ「生きづらさ」に気づき、同居家族、Aの困難や不適応にどう関わるか考えた社会はあったのか。

Bさんのように、受診が必要な者に対してどのようなかかわりをこれまで公的機関は持ったのか、あるいは持たなかったのか。そもそも持とうとした機会はどれほどあったか。

Cさんのように、家族という「自助」の前景化と、同居の事実を前に地域社会が責任の転嫁を家族へしてはいないだろうか。

Dさんのように、五〇歳を超え、療育手帳を取得できたことに対し、公的サービスとしての福祉制度がどう向き合ってきたか。

障がいや精神疾患があり、必要な支援を受けられなかった人が、ようやく特別調整による「社会復帰」への補完制度ができたことによって、日常生活へのスムーズな参加が実現されつつある。しかし一方で、障がいや精神疾患があるが、出所までの期間が短いことなどの様々な理由で独自調整でしか満期を迎えられない人もおり、かつ（特別調整の対象者）同様に、生活への不安や日常生活における金銭管理等の課題を抱える人が多くいるのも事実である。矯正施設の福祉専門官や地域の団体によって、一つひとつ支援実践が積み重ねられ、各機関同士の連携が構築されつつあるという点にも今後注目したい。

これまで「地域社会」は、往々にして出所者を取り巻く家族という自助に甘え、支援を必要とする人たちがいることを見ないことにしてはいなかったか。彼らが利用できる社会資源を提供することや、あるいは不足した「地域社会」に求められる機能を追求してきただろうか。

不可視化された存在としての「ホームレス状態」、刑事政策という専門性の高い壁をやすやすと越え、壁を行き来する累犯化した出所者、「受刑者」のあと、患者としてようやく市民となった彼らは、精神科病棟への入院によって、隔絶された「地域」で生きることを許されることになる。

後手に回る制度設計のなかで、彼らは地域社会に対する希望を当初は持っていたが、それが翻っていくたびにもわたる失敗体験と社会規範を逸脱した者というラベリングによって糊塗された経験を経て、絶望へと至ったのではないか。

実情をふまえ、ようやく可視化されつつある一人ひとりの「生きること」、それはきわめてプリミティブな問いを眼前に差し出された著者が、社会のそれぞれの立場（処罰感情や、救済措置）とは違う次元で語られてきた社会福祉に対してのアンチテーゼとして、自分がどれほど困っているかさえ正確に把握し得ない人、それを把握しているが言語化できない人に対して、事実をありのままにとらえ、一緒に言葉にしていく作業を行い、それまでの体験に思いを馳せること。その同質的な時間を割いていくことで、関係性の構築と、当事者の寄る辺となるとき、筆者は出所者支援の光明を見出したいと思う。

〔注〕

（1）①刑事上の手続または保護処分による身体の拘束を解かれた人、②親族からの援助や公共の衛生福祉に関する機関等の保護を受けられない、または、それらのみでは改善更生できないと認められた人、③更生緊急保護を受けたい旨を申し出た人に対して、保護観察所を通じて身体の拘束を解かれたあと六ヶ月以内に実施。

（2）居住地特例とは、施設等所在地の支給決定等事務および費用負担が過大にならないよう、例外として入所前の居住市町村を実施主体として取り扱うこと。

（3）注（2）と同様に、矯正施設収容前の居住地の有無によって、給付費等の支給決定や実施主体の取り扱いについての取り決め。

（4）保護・援護施策があり、保護の対象者は居宅生活者、援護施策は住居のない者。

（5）社会福祉法第二条第三項に定める第二種社会福祉事業のうち、その第八号にある「生計困難者のために、無料又は低額な料金で簡易住宅を貸し付け、又は宿泊所その他施設を利用させる事業」にもとづき設置される施設。
http://www.city.nagoya.jp/kenkofukushi/cmsfiles/contents/0000038/38413/30323shisetuitiran.pdf

Column ③

生活困窮者としての出所者

有田　朗　一般社団法人アルファリンク代表理事・NPO法人ぎふNPOセンター理事

生活困窮者相談窓口の特徴

平成二七年から、全国約一〇〇〇の自治体で「生活困窮者」のための相談支援窓口が設けられている。この窓口の一番の特徴は、「包括的な相談窓口」だということである。一般的に行政窓口や民間機関は、それぞれのタテ割りの専門分野を持って細分化されていて、市民は「どこに何を申請し相談したら良いか」を知ることは難しい。しかし、この困窮者相談の窓口では、基本的に「相談を断らない」ことをめざして市民の困窮相談に応じている。だから市民は「生活に困窮している」のであれば、仕事のこと、病気のこと、家庭のこと、借金のことでもこの窓口で相談することができる。

多くの場合、相談者の状況はいくつもの問題がからみあい深刻で、すでに何から手をつけてよいか判らなくなった状態で相談に来るが、相談支援員は本人と一緒になって課題を整理し、医療や介護を確保する方法、借金の整理を含む家計の問題について一緒に考え、就労に向けたアドバイスをしたり、必要な専門家・専門機関を紹介したり同行したりして解決をめざしていく。

Column ③

窓口を訪れる相談者像

相談者に共通するもの

私がかかわる窓口では、刑務所出所者等の相談がかなり多い。①刑務所を仮出所して保護観察中の者、②刑務所を満期釈放された者、③執行猶予中である者、④施設で受刑中である者、⑤罰金刑の判決を受けた者、⑥不起訴処分となった者、⑦刑事被告人、などを含めて考えている。

窓口につながる経路は、①更生保護施設からの紹介、②地域生活定着支援センターからの紹介、③刑務所・保護観察所からの紹介、④弁護士からの紹介、⑤本人みずから情報を得て窓口に来所、の順に多い。⑤の出所者等がみずから窓口に来所することが稀な最大の理由は、「彼らの多くは自ら相談機関を見つけて相談することができない」からだと感じている。

罪名は、①窃盗（万引き・賽銭盗・自転車盗）、②詐欺（無銭飲食、携帯電話や預金通帳売買、オレオレ詐欺）、③自動車運転過失致死傷、④傷害の順であり、重大な犯罪は少ない。

成育歴は多様だが、①知的障害の疑い、あるいは精神疾患を抱えている、②親が居なかったり孤立し、あるいは虐待を受けていた、③学校になじめなかったり勉強についていけず教育を十分受けなかった、④繰り返し軽微な犯罪を犯している、⑤ホームレスや短期の現場仕事で離職を繰り返すなどで、その多くに共通しているのは、雇用保険や社会保険のある仕事に就いたことがないということである。

「奪う」ことで得るものと「与える」ことで得るもの

私の経験上、典型的な相談者像は、「障害が疑われるのに相応しい福祉につなげられず、または子どもの頃から孤立

Column ③

して社会的な教育を十分受けられなかったため、自らが困窮したときに保険制度やその他のセーフティネットを利用したり、適切な専門家や機関に相談することもできずに居た者」である。あるいは「住む場所や食べるものに困りながらも、知識がなく生活保護の申請もできないまま、万引きや無銭飲食を繰り返したり、オレオレ詐欺などの犯罪の末端に利用されて再入所を繰り返すなどしていた者」である。ほとんどの場合、相応しい支援があれば罪を犯すことはなかったであろうと思う。

つまり、家族・教育・生活能力等に恵まれず、社会から十分支援も受けられないまま、安全で安定した生活を築くことができず、結果困窮して犯罪にかかわってしまったという者である。

これらの者は刑務所等の施設を出てもなお、居住、就労から排除され、様々な行政サービスやセーフティネットにも捕捉されないままである。社会はこのような者を「自己責任」という言葉だけで突き放して良いのか、それこそ無責任ではないだろうか。

『レ・ミゼラブル』の主人公ジャン・ヴァルジャンは困窮の末、パンを盗んで過酷な刑罰を受けたが、彼はそれによっては反省も社会復帰もできなかった。しかし、神父が彼の更生を信じ生きる糧を与えたことで、彼はみずから更生を果たした。様々な面で「奪われてきた」者から、自由や財物、可能性をさらに奪うこと（刑罰）で得られるものは限られていて、逆に「社会が与える」ことこそより必要だと感じる。

利用者にとって最もありがたいこと

生活困窮窓口では、出所者等に対する専門的な支援を行うことはできない。しかも多くの場合、すぐに家と食糧、医療を確保する必要に迫られ、緊急的な支援をすることしかできない。

本来であれば、出所者等の多くは生活能力や対人関係に重大な問題を抱え、社会生活上の知識や就労のための技術・

資格などが不足しているから、日常生活や金銭管理に関する相談、段階的な就労準備を継続的に行って、少しずつ社会生活をつくり上げていくことが好ましいと思うが、なかなかできないでいる。

しかし、ある全国的な生活困窮者窓口の利用者調査において、多くの利用者が「最も良かった点」として挙げたのは、「良く話を聞いてくれた」「一緒に考えてくれた」ことであった。出所者等の多くも同様だろう。社会的に孤立していることの多い彼らにとって、じっくり話を聞いて自分のことを一緒に考えてくれる他人がいることは、とても重要なことだと思う。この点で生活困窮者相談窓口は、出所者等の支援においても大切な役割を担うことができるはずだと考えている。

第3章

支援者は何を求めているのか——出所者支援に必要な社会資源

飯田智子　NPO法人静岡司法福祉ネット明日の空代表理事

1 「支援者」とは誰か

◉出所者支援の現場にかかわる人びとについて

山本譲司の『獄窓記』（ポプラ社、二〇〇三年）や、二〇〇一年、二〇〇二年に起きた名古屋刑務所での事件[1]をきっかけに、厚生労働省の研究事業や法改正がなされるなかで、矯正施設出所者への支援の必要性があらためて認識された（序章参照）。そうした流れで、矯正施設や更生保護施設へ社会福祉士等の福祉職員が配置され、二〇〇九年七月からは地域生活定着支援事業（現：地域生活定着促進事業）が開始されることとなった。ただ、それ以前から、更生保護分野における保護観察官や保護司、矯正施設職員らによる出所者への環境調整は行われており、また、一部の篤志家や当事者（過去に罪を犯して更生した者）等が、帰る家や仕事のない出所者を支援する活動にかかわっていたりもした。犯罪歴がある者と知っていたか否かは別として、福祉の現場でも個々の支援は行われていただろう。本来、福祉の支援者にとって「支援を必要とする者」という視点で見れば、ことさらに切り分けて考えるものではないのかもしれない。

福祉職の出所者支援へのかかわりのきっかけは、高齢・障害・児童福祉の支援のなかで、対象者に過去犯罪歴があったケース、あるいは以前から支援していた者が逮捕されてしまったケース、ホームレス支援や生活困窮者支援のなかで支援が開始されるケース等、多岐にわたる。

犯罪は遠い世界で発生するのではなく身近な社会から生まれることを思えば、誰にとっても無関係なことではないはずだ。しかし現状では、出所者支援はいわばマイノリティな分野であり、支援者は孤立を余儀なくされ、日々の実践のなかで次々と壁にぶつかり、「求めること」の整理すら追いつかないでいる。さらに、矯正施設出所者の支援は事業化されたが、逮捕され、矯正施設に入る前の段階の支援（いわゆる入口支援）には出口支援と同じような制度は設けられていない。現在、全国各地で様々なかたちの「被疑者・被告人段階での支援」が始まっているとはいえ、支援への理解、他機関の協力体制、活動資金等々、すべてにおいて不足している状況だ。

本章はそうした現実をふまえ、すでに何らかのかたちで出所者支援にかかわっている方、これから支援を行おうとする方に、必要な社会資源についてともに考えていただく機会を提供することを目的としている。まずは出所者支援について知り、関心を深めていただきたい(2)。

⦿出所者支援とのかかわりの経緯

著者が出所者支援に初めてかかわったのは、二〇〇九年七月、静岡県地域生活定着支援センター（以下、定着センター）に配属されたときのことである。福祉の仕事に就いてからの十数年間、出所者支援の必要性について知ることはなかった。知人等から、犯罪者とかかわることが怖くないのかと時どき聞かれるが、最初からとくに抵抗感はなかった。定着センターに五年間、そのうち兼務で一年間、刑務所の社会福祉士として勤務したのち、被疑者・被告人の支援を主とするＮＰＯ法人静岡司法福祉ネット明日の空（以下、明日の空）を立ち上げ、現在に至っている。そのなかで、著者が実際に経験したこと、感じたこと等から、支援者が求めているものについて考察していきたい。なお、定着センターも矯正施設のソーシャルワーカーも、地域の特性や所属長のカラー、おかれた立場、支援についての個人の価値観の違い等いろいろであり、決してここに記したことがスタンダードではないことを付け加えておく。

2　ＮＰＯ法人明日の空の支援とは

⦿明日の空がめざすもの

明日の空設立の経緯は、著者が定着センター相談員だった二〇一〇年頃、国選弁護人（明日の空現副代表）から知的障害者Ａさん（二〇代男性）の起こした連続強盗傷人事件の相談を受け、情状証人として出廷したことがきっかけとなった。裁判の結果、Aさんには八年の実刑（現在も服役中）が言い渡された。事件終了以後、弁護人らと定期的に勉強会を開催し、Aさんとの面会や手紙のやりとりを続け、それが発展するかたちで二〇一四年に明日の空設立に至った。

矯正施設に入る前段階での支援の必要性は、定着センター相談員の多くが感じ、また、特別調整の要件である高齢・障害の枠に歯がゆさを感じる者もいただろうと思う。著者もそうした思いに突き動かされ、組織や制度の枠に縛られないかたちでの支援開始を決意した。

それゆえ、悪戦苦闘しながらも、明日の空は「誰もがやり直せる、希望を持って生きられる社会を創造する」を使命に活動している。

⊙支援の流れ

序盤　事件依頼から判決まで

二〇一四年四月の明日の空設立準備段階から二〇一六年三月までは、検察庁からの相談依頼があった。当初は、弁護人より検察庁からの依頼が上回っていたが、二〇一五年に静岡地方検察庁に社会福祉アドバイザーが配置されたことによって、現在は弁護人からの依頼が主となっている（**図3―①**参照）。

支援の流れとして、相談を受けたあと、本人が勾留されている留置場や拘置所に面会に行く。この時点で支援者にはわずかな情報しかなく、本人が支援に同意するかどうかも明確ではない。支援開始となれば、対象者に帰住先や今後の生活について希望を伺い、同時に生活歴や能力等をアセスメントして、次回以降の面会に繋げる。被疑者段階で釈放される可能性が高ければ、より短期間で出所後の生活を調整することが求められる。被告人段階であれば、情状証人として出廷や更生支援計画の作成、とくに複雑で困難と思われるケースについては「調査支

図３―①　年度別依頼者（新件）

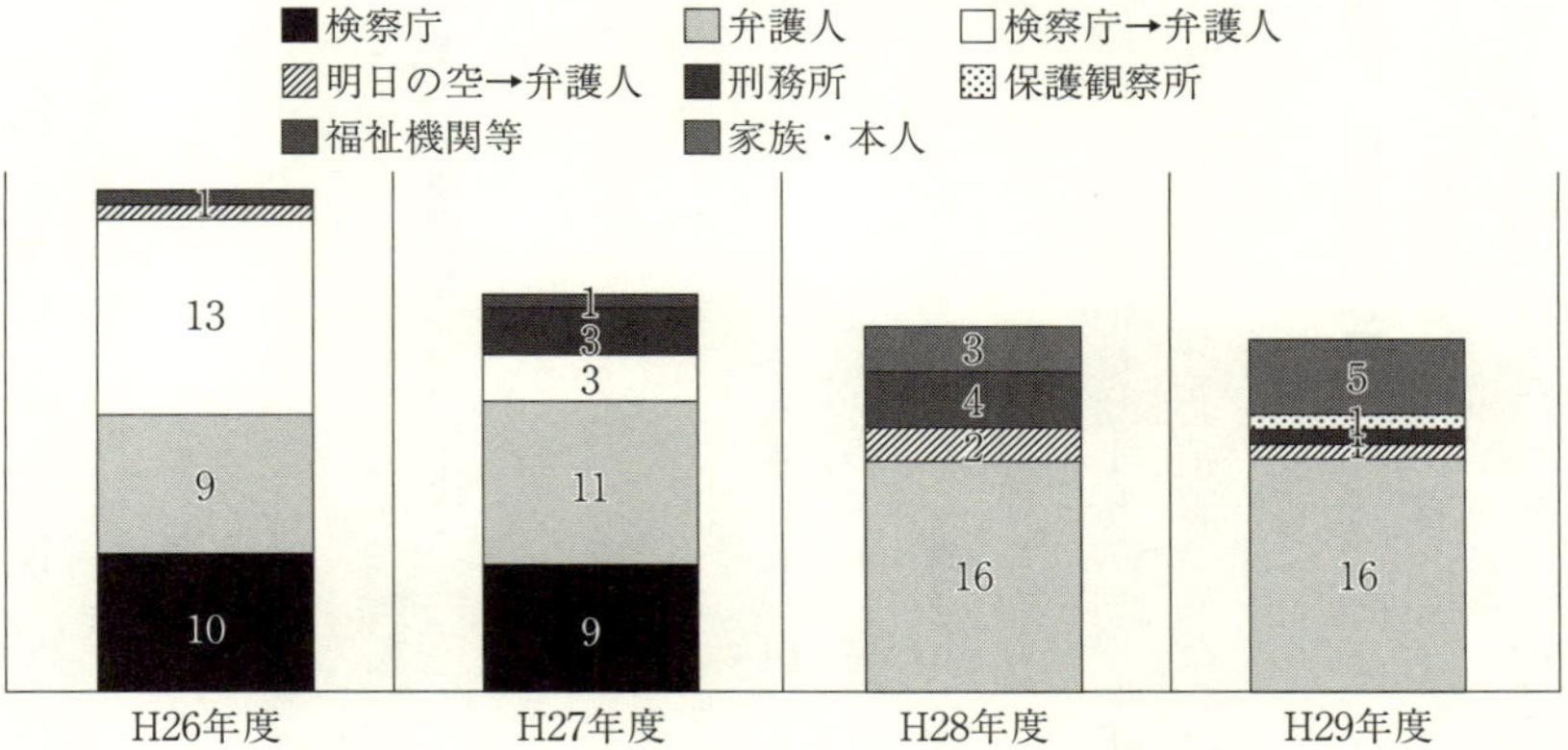

※2014年４月～2018年３月末までの新規依頼110件（電話相談のみは除く）についての依頼者別件数。
※検察庁→弁護人：検察庁が弁護人に口添えし、弁護人が支援を依頼してきた件数。
明日の空→弁護人：明日の空から弁護人に支援を申し出た件数。
家族・本人：家族、本人から、明日の空や弁護人に支援を依頼してきた件数。
出典：著者作成。

図３―②　序盤支援（依頼から判決まで）

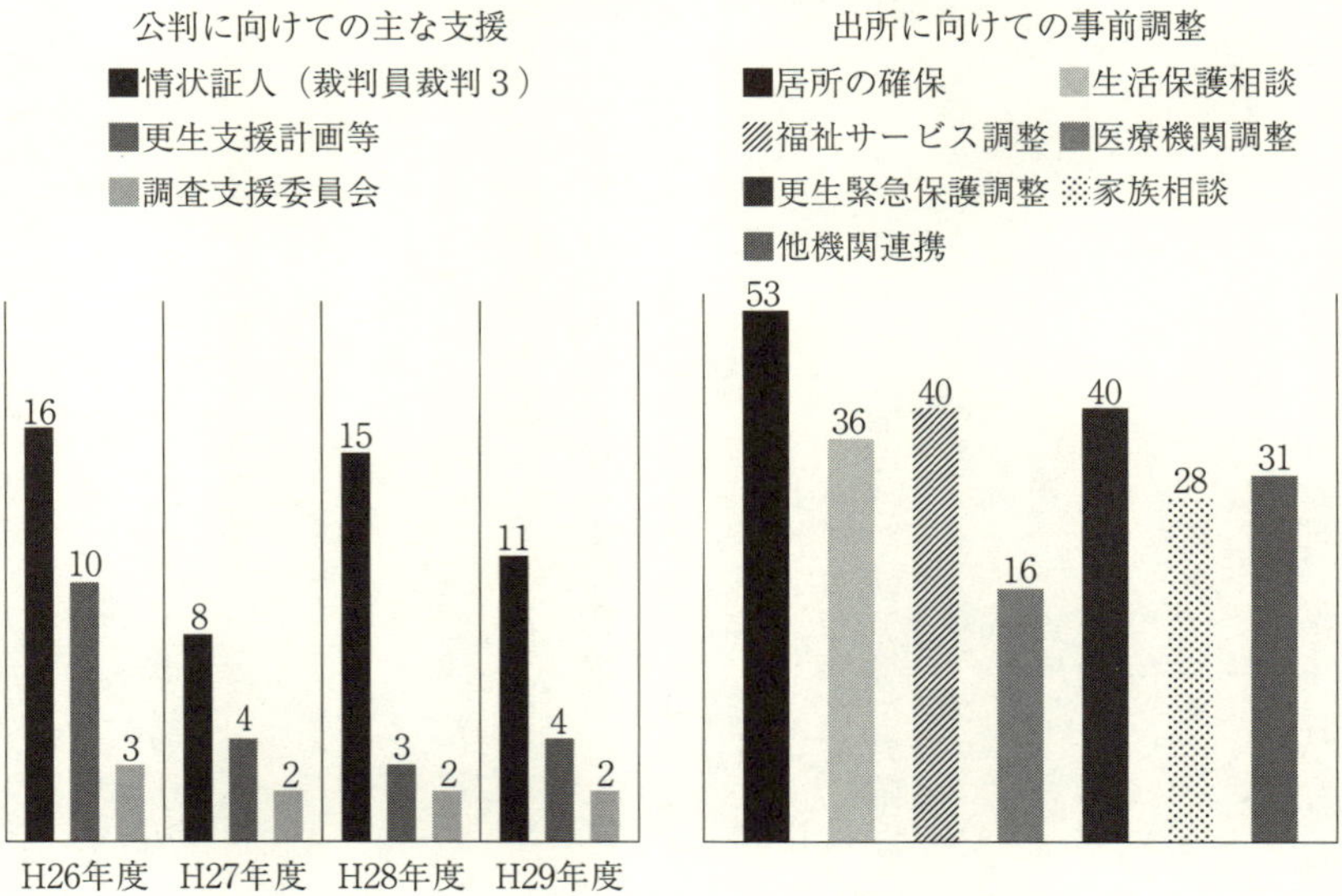

※2014年4月～2018年3月末までの依頼について対応した序盤での支援について。
※他機関連携について、他機関と協働（積極的な連携）して支援を行うことができた件数。
※数字は件数（重複有）。
出典：著者作成。

援委員会」[3]を開催して、協議・検討する。いずれにしろ、限られた時間、情報、選択肢のなかで、本人が納得できる（折り合いをつけられる）釈放後の生活に向けて、多くの機関や人と調整を行う（**図3—②**、**表3—①⑴**参照）。

実刑判決となった場合は、服役した施設を本人や家族から知らせてもらい、本人との手紙のやり取りや、服役した施設のソーシャルワーカーと連絡を取る等して、出所後に支援が繋がるよう調整する。

中盤　釈放から社会定着まで

判決がどうであれ、社会に戻るまでに次のステップを調整することは同じである。実刑となり特別調整の対象となる可能性があれば、定着センターとの連携を探り、対象でなければ、本人との手紙のやりとりや矯正施設のソーシャルワーカーと連携して、矯正施設出所後に向けた支援を行う。実刑とならずに釈放されれば、保護観察所の協力のもと更生保護施設や自立準備ホームの利用、希望帰住地で生活保護を申請しシェルターで一時帰住する等々で、社会定着[4]をめざす。高齢や障害等の既存の制度に乗る者であれば、包括支援センターや障害者相談支援事業所等と連携を図る（**表3—①⑵**参照）。しかし、他機関との連携は必ずしも円滑に行われるとは限らない。「社会定着」の状態も人により様々だが、たとえば、住居と経済的基盤（生活保護や就労等）の確保、手帳取得や施設入所等の福祉サービス利用を手助けし、それらが一応整って大きな問題もなく、新生活のスタートを切ることができれば、社会定着とみなしている。

終盤　社会定着してから

住居とお金、仕事が確保できても、すべての問題が解決されたわけではない。むしろそれだけでは、罪を犯すに至った要因、生きにくさは解消されないままと認識すべきだ。人間関係、金銭管理、借金、依存、健康上の問

表3—① 支援におけるチェックリスト

（1）序盤：事件依頼から判決まで

依頼者への確認	面会時	関係機関との調整事項	書類等作成
□支援についての説明と同意 □現時点での本人の意思意向について □情報提供について （事件概要、勾留場所、勾留期間の見込み、年齢・性別、住民票の有無・逮捕前の帰住地、前科前歴、障害・依存の有無、印象等々） □初回面会の日程調整 □勾留先との面会日時調整 ［必要に応じて依頼］ □保護カード □在所証明 □戸籍の附票 □年金調査 □家族への連絡 □尋問事項確認 □領置品の確認 （所持金、身分証明書類、携帯電話等） □診療情報提供書等 □委任状	□支援についての説明と同意 □個人情報収集および開示の同意 （同意書への署名指印） □アセスメント（更生の意思、希望帰住先、健康状態、服薬の有無、釈放後の生活について、生育歴、職歴、対人関係、希望職種、免許・資格の有無、手帳の有無、障害・依存等の有無、身分証明書の有無、生活保護受給歴、借金、長所・短所・こだわり、家族との関係性、飲酒・喫煙・ギャンブル、金銭管理能力、趣味嗜好等々） □一時帰住について説明と同意 □集団生活についての適応性 □調査支援委員会について説明と同意 □更生支援計画について説明と同意 □障害手帳申請について説明と同意 □福祉サービス利用について説明と同意	□一時帰住先の事前調整と確保 □保護観察所（更生緊急保護）への事前調整 □調査支援委員会開催時（委員招集、日程調整、会場予約等） □希望帰住先の福祉事務所、支援機関等への連絡と事前調整 □逮捕前に利用していた福祉・医療機関等への情報収集 □ケース会議の開催調整 □障害手帳取得を希望の場合 →調査、聴き取り、事前調整 □福祉サービス利用の場合 →各種申請について事前調整 □福祉施設入所の場合 →受給者証申請にかかる事前調整 →施設職員、福祉事務所等との事前調整 □医療機関利用の場合 →受診についての事前調整 □家族への連絡、情報収集、相談支援 □食料・衣類等の準備	□相談受付票 □調査支援委員会検討結果報告書 □更生支援計画書 □障害手帳申請にかかる聴き取り書 □ケース会議資料 □協力依頼書

（2）中盤：釈放から社会定着まで

衣／食／住（一時帰住先）	住居	経済基盤	福祉サービス	健康管理	その他
□衣類の準備 □食料の調達 □一時帰住先の確保 •シェルター •更生保護施設 •自立準備ホーム　等	□アパート探し •契約に関する支援 •引越し手伝い •ライフライン手続き •買い物同行 •家具等の調達　等 □施設入所調整 •関係機関調整 •ケース会議　等	□生活保護 •生保申請同行 •CWとの連絡 □就労支援 •ハローワーク同行 •求人情報提供 •就業先の紹介 □年金申請 □債務整理	□関係機関との連携 •福祉事務所 •支援機関 •事業所　等 □障害手帳申請 □受給者証申請 □介護保険申請 □日常生活自立支援事業への繋ぎ □成年後見制度への繋ぎ	□関係機関との連携 □病院受診同行 □入院手続き―見舞い □訪問看護等への繋ぎ	□身分証作成 □携帯購入 □金銭管理 □イベント誘い （あかね雲の会等） □ボランティア参加 □生活相談 □法律相談　等

出典：著者作成。

図表３―③　明日の空スキーム図

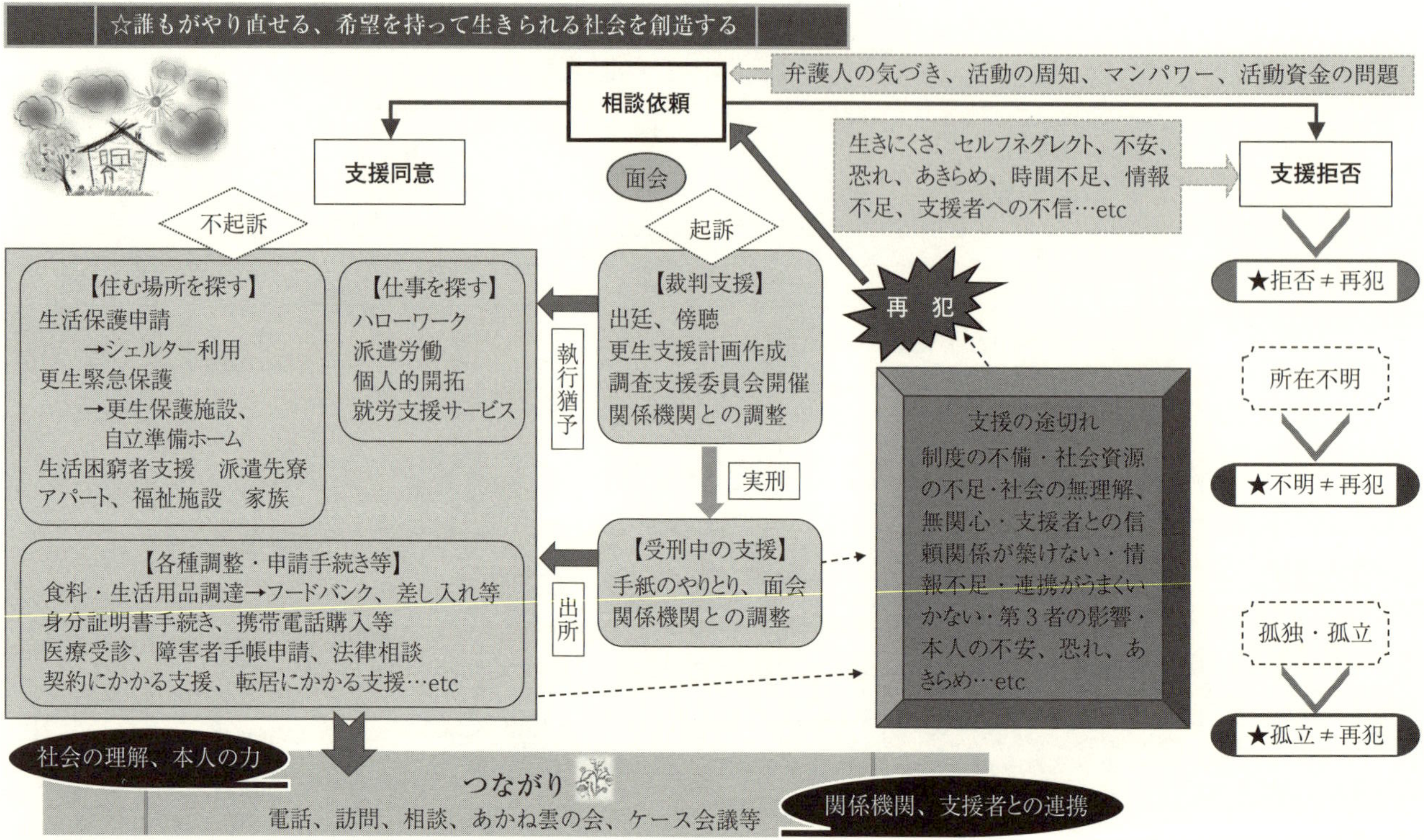

出典：著者作成。

表３―②　終盤・支援内容と動向

（１）終盤での支援内容について

内容	人数
あかね雲の会⑤参加	19
電話連絡・訪問	19
ケース会議への参加（福祉サービス利用の者）	9
債務整理等の法律相談	4
生活相談	14
医療相談（病院受診等）	5

（２）支援終盤での動向

動向	人数
アパート（生活保護受給）	7
アパート（生保・就労／生保・年金）	3
アパート（年金）	1
アパート（就労）	4
派遣寮	3
自宅（就労）	2
自宅（通院・福祉サービス利用）	9
福祉施設入所（障害）	4
福祉施設入所（高齢）	3
福祉施設入所（救護）	2
不明	5
死亡	3
定着（１年以上）した後、再犯	2
計	48

※2018年3月末現在、支援件数（新件）は110件で、そのうちの48名が支援終盤段階にあった。
※110件のうち62名は、勾留中等の序盤段階、一時帰住等の中盤段階にある者、実刑で服役中の者、または終盤に至らないまま所在不明や、再犯して支援につながっていない者。
出典：著者作成。

題等々、時間が経過したあとに顕在化されることは往々にしてある。たとえ再犯に至った場合でも、本人の「規範意識の薄さ」として切り捨ててしまうのは早急だ。新たな（隠れていた）課題に対応できる支援体制をつくれるか、本人と支援者との間に相談できる信頼関係が構築されているかが重要である（**図表3―③参照**）。

3　支援序盤で支援者が求めるもの

⊙司法関係者とのかかわりのなかで

弁護人ほか司法関係者の気づき

罪を犯し、刑事司法の流れに乗ったとき、司法関係者の気づきが重要なポイントとなる。障害の有無への気づきというよりも、ただ生きにくさへの気づき（想像力）を持ってもらえればいい。一般的に支援の必要性を理解されやすい高齢者や障害者、初犯のホームレス等、不起訴や執行猶予の見込みが高ければ、検察庁が福祉支援に繋げる可能性がある。しかし、本来そうしたケースは、罪を犯す前に福祉が気づくべきだったといえる。福祉支援どころか地域社会との断絶が顕著な累犯者や見えにくい障害（軽度知的障害や発達障害の疑い等）がある場合、被疑者・被告人段階では弁護人の気づきを頼りにせざるを得ないのが、福祉職として忸怩たる思いだ。

【事例1】　Bさん　四〇代・男性　窃盗

面会時に知的障害が疑われ、本人の同意を得て、在学当時の先生を捜し出し聴き取りを行った。更生支援計画作成および情状証人として出廷。実刑となり、服役した刑務所社会福祉士に特別調整や療育手帳申請について相談するが、何ら対応はされなかった。弁護人とともに手紙のやり取りを継続し、出所後は更生保護施設を経てシェルターに住所設定し、療育手帳を取得。その後、就労支援サービスの利用を開始した。

Bさんは一見障害が見えにくく、一般就労では能力以上のことを求められ、人間関係もうまくいかずに離職し、生活に困窮しては窃盗を繰り返し、刑務所に複数回入っていた。しかし、弁護人が支援の必要性に気づいたことで、ようやく福祉に繋がることができた。Bさんは、「もっと早く相談できる人に会えていたら、何回も刑務所に入らなくても良かったかもしれない。」としみじみ語った。

目的の共有

① 情　報

弁護人から相談があった時点での情報はきわめて少ないが、検察庁から依頼された際も、膨大な調書はあるものの、支援者が必要とする情報は決して多いとは言えなかった。刑事司法と福祉の視点の違いから、必要とする情報の内容はすべて同じというわけではない。また、被告人段階での捜査機関からの情報は期待できず、弁護人からも「目的外使用になるから出せない。」とほとんど情報提供がないこともあった。今後の支援に重要な事実を意図なく弁護人が取捨選択し、支援者に伝えないこともある。

必要な本人情報は主に面会時に収集することになるが、面会時間は通常一五〜三〇分間で、とにかく短い。事前に質問事項を挙げ、弁護人の接見時に聴き取りしてもらう方法もあるが、内容によっては回答に差異が出る可能性がある。

ただ、相手によっての回答の違いや、司法関係者との印象の違いをアセスメントの参考にすることも大事である。

② 面会

静岡の定着センターは設置が早く、帰住先の定着センターがまだない状況で他県へと繋いでいた。徐々に設置する県が増えていく一方で、事業予算が少ないことから遠方への面会について全国各地の定着センターから様々な意見が出ていた。刑務所所在地の定着センターが面会して帰住先の定着センターへ書類のみ送付することや、なかには、面会の様子をビデオに録ってそれを送付すること等の話もあった。現場の者としては、「本人と会うこと」の重要性を十二分に感じていたので、会わずに調整することなどあり得なかった。

面会は、単にアセスメントをするにとどまらない。「帰りたい」と希望する地域（多くは故郷）の人間が、自分のために遠方から訪ねて来てくれた、自分の話に耳を傾け、寄り添ってくれたという経験は、「出所」という大きな不安を前に本人の胸に深く刻まれ、その後の支援にも大きく影響するのではないかと考えている。

こうしたことから、明日の空の支援は、定着センター時代に培われたものを土台にしているが、定着センターと違い、旅費の手当てもないうえに、時間や人数の制限、警察官等が立ち会うアクリル板越しの一般面会で、十分なアセスメントができるとは言い難い環境となる。また、一日一組の面会で、事前予約もできず、他の者が面会した日は面会不可となるため、短期間の調整の困難さは推して知るべしである。その点、検察庁からの依頼があった当時は、時間も面会場所もある程度の融通がきいたことを思うと、依頼先（捜査機関と弁護人）の違いによる歴然とした差を思い知らされる。

【事例2】 Cさん　三〇代・女性　道交法違反

勾留中のCさんは、障害者施設への入所を希望。受け入れをお願いするために、施設職員との面会日程を調整した。Cさんの受給者証申請にかかる医師との面会を実施した際は事前に拘置所へ協力依頼を出していたが、施設職員との面会はようやく決まったこともあって時間に余裕なく、拘置所へ連絡した。事前予約はできずに、当日、遠くから来てもらった施設職員と一緒に面会を申し出たが、先に知人と称する者の面会者（留置場で同房だった者）があり、施設入所を判断する重要な面会だったにもかかわらず実施できなかった。

限られた勾留期間のなかで、施設入所を調整することは至難の業だ。そもそも、罪を犯した障害者を受け入れてくれる施設自体が希少であるのが現実である。未決勾留中、とくに医療や福祉支援に繋げるための面会については、もう少し柔軟な対応となることを切望する。

③　勾留期間および出所日

被疑者段階の勾留期間は最長二〇日間で、より短期間での調整が求められる。とくに障害福祉サービスに繋げたい場合、手帳も住所もない状態ではすぐにサービス利用はできずに困難を極める。また、出所当日に支援者が対応できなければ、苦労して調整した計画が頓挫してしまうおそれすらある。それは、対象者が行方不明になってしまうという可能性だけではなく、本人が大きな不安を感じているときに支援者が不在ということで、信頼関係をつくる大事な機会を逃すということである。また、調整先にとっても、確実な引き継ぎがなければ、「丸投げされた」という印象が拭えないだろう。釈放される日に、支援者が対応できるよう、司法関係者との出所日の調整は必須である。刑務所出所日については満期日が決まっているため、公的機関の休日であれば、申請等の支援にタイムラグが生じてしまう。たった一日の遅れ、空白により、支援に支障が出ることもある。また、受け入れ先の支援者等が引受人になることで仮釈放となれば、保護観察所の協力が得られ、支援者側の安心感も高まる。

④ 役割と目的

当然だが、警察、検察、弁護人、裁判官等、司法側の役割は同じではない。福祉にしても、種別ごとの行政機関、入所施設、相談機関等、司法よりも細分化され、役割もそれぞれ違う。

刑事司法と福祉が連携するにあたり、言葉（用語）、手法（進め方）、主義（考え方）、印象（感じ方）、目的（めざすもの）、価値（守りたいもの）の違いをそのたび痛感することとなる。たとえば、「保釈」を本人の権利として絶対的にとらえるか、本人の状態によっては、「今後」に不利益をもたらす可能性を疑うか、「謝罪文」を、反省が伝わるような文に添削するか、「ありのまま」の文から本人の感情や能力を汲み取ろうとするか等、両者の違いは散見する。浜井（二〇一四）は、「司法と福祉の連携などの異文化コミュニケーション」の課題について、「異文化コミュニケーションの第一歩は、お互いが違うということを認識することから始まる」と述べているが、司法関係者からの依頼にあたって、両者がまったく同じ目的であるとは言えないことを理解しておく必要がある。

公判においては、本人にとって「意味のある」場にするかどうかを意識している。たとえ結果が予測されていても、可能な限り出廷し、本人のこれまでの生きにくさを代弁し、出所後の支援を証言する。情状証人とならない場合も、せめて傍聴はしたいところだ。

調査支援委員会は、本人同意のもと必要に応じて開催し、協議・検討した内容をまとめた「検討結果報告書」を作成、または、福祉サービス利用、多機関に繋ぐ具体的な計画が立てられる場合は、「更生支援計画書」を作成し、それらを弁護人が証拠として提出することもある。しかし、なぜか検察側から「不同意」とされることもあった。

公判の場が、もちろん本人を置き去りにすることなく、福祉専門職としての役割を果たし、司法の側もそれぞれの役割を担いながら、勝敗を競う場でも流れ作業的でもない、厳正かつ「更生に資するもの」であればと念願する。

⦿福祉関係者とのかかわりのなかで

支援序盤での福祉関係者とのかかわりは、「調整」が中心である。準備期間も社会資源も限られたなかで、本人や関係者、帰住先についての情報収集、必要書類や手続きの準備、帰住先の福祉関係者との調整等々を行う。

現在、多くの関係機関からの協力や連携を得られてはいるものの、地域や人によって事情は変わってくる。「罪を犯した者」というマイナスからのスタートは、他機関の協力がスムーズに得られなければ、施設への入所を検討した場合等なおさら厳しいものとなる。しかし、逮捕前から福祉がかかわっていた場合ですら、逮捕がきっかけで拒否されてしまうこともある。かかわりを拒否する理由として、罪を犯した者への支援に「不慣れ」であることや、「他の利用者に迷惑がかかる」という言い訳、そもそも罪を犯した者は「福祉の範疇ではない」という考え等が多く挙げられる。

このように、刑事司法と福祉を繋ぐ「司法福祉」は、「司法」だけにとどまらず、「福祉」とのあいだにもズレが生じる。まるで孤立無援に追いやられているような虚しい気持ちを切り替え、支援に繋がるよう誠意を尽くすしか術はない。希望帰住先の福祉関係者からの理解、連携を得られるかが、支援中盤以降の重要な鍵となるのだ。

4　支援中盤で支援者が求めるもの

◉釈放直後　出迎え

面会、公判での証言または傍聴、そして出所時の出迎えは、本人との信頼関係を築くうえでも重要な役割を果たす。面会時に出所当日の動きやその後の生活について事前の説明はしているものの、実際に出所当日を迎えるまでは不安だろう。健康状態や気持ちの変化への注意は十分にしなければならない。長期間の勾留から解き放たれ、今後の生活への決意と不安が入り混じった表情でシャバの空気を吸い、空を見上げる姿を見るたびに、こちらも身が引き締まる思いだ。「出所」の瞬間に立ち会えるのは、この支援の醍醐味でもある。

◉制度に繋がるまでの衣・食・住

「衣」について、着の身着のままで逮捕され、着替え等の衣類がない者がほとんどであるが、逮捕時と釈放時の季節が違えば、真冬に半袖で釈放という事態になってしまう。保護観察所からの寄付やスタッフが集めた衣類を

図３―④　一時帰住先別（出所当日の宿泊先）

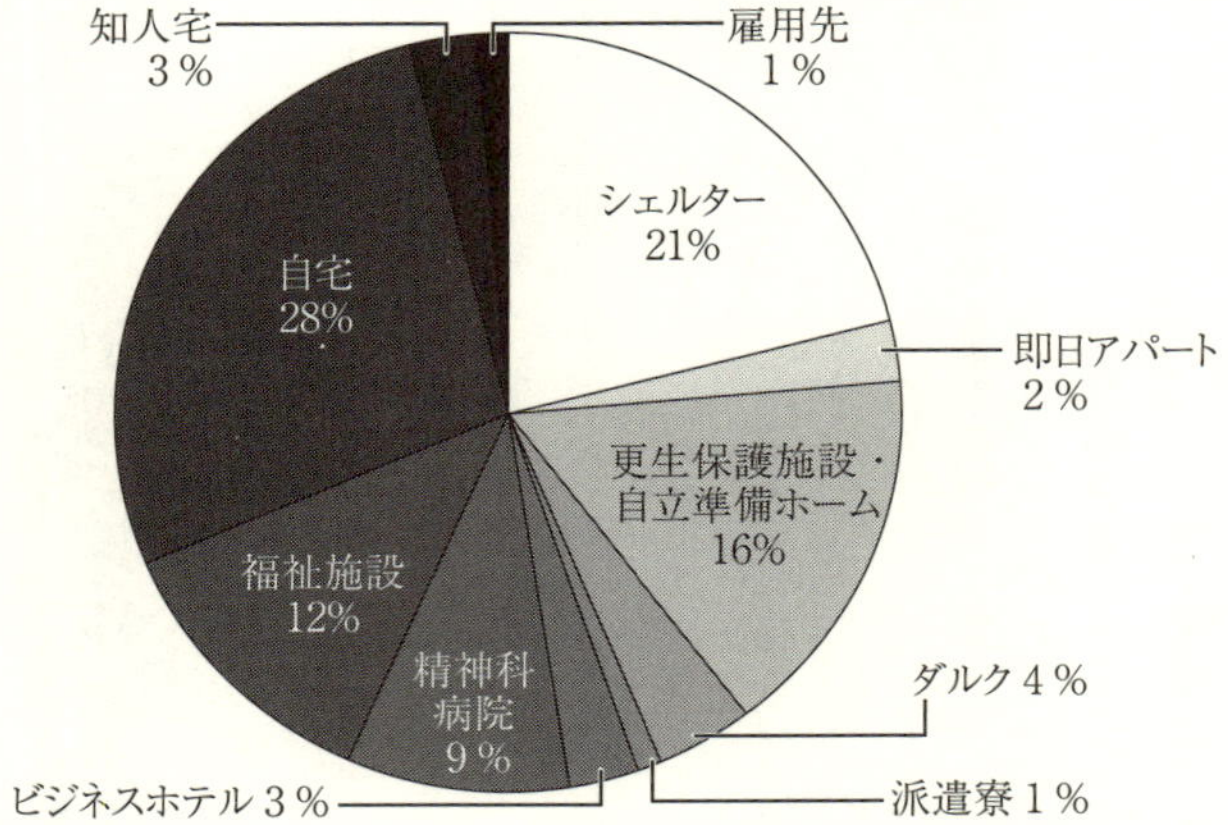

※2018年3月末までに支援した新件110件（電話相談のみは除く）のうち、90件の一時帰住先について
出典：著者作成。

提供しているが、季節ごと、サイズ別の衣類は大量になり、衣類の整理や保管場所等が必要となる。

「食」について、シェルターには冷蔵庫や電子レンジ、炊飯器等を備えており、自炊生活ができるようになっている。食料品の調達はスタッフの差し入れや農家等からの寄付、フードバンクの利用が中心となる。主食（米）に関しては切らすことはないが、どうしても副菜が不足しがちになってしまう。豊富な食材や手づくりの食事等の提供をするには、資金も人手も必要となり、今後の重要な課題である。

「住」について、生活保護を申請した場合、受給決定までのおよそ一ヶ月間、生活の場を確保しなければならない。地域にもよるだろうが、保証人もなく、身分証も携帯電話もない状態で、釈放後すぐに入居できるアパートはないに等しい。明日の空ではワンルームのアパートを確保し、一時帰住先のシェルターとして活用している（**図３―④**参照）。現在、使用した分の水道光熱費を受給後に請求するのみで家賃の徴収はない。「ＮＰＯ＝貧困ビジネス」という世間の誤解を懸念してのことだが、こちらの経済的負担も大きく、悩ましく思っているのが正直なところである。定着センター在籍当時も、地方という地域から社会資源も少なく、出所者を受け入れてもらえる所を探すのに非常に苦労した。最近では簡易宿泊所や無料低額宿泊所等も増えたようだが、検証なく利用することに抵抗がある。

受け入れ先の選択肢が少ないなかで、貧困ビジネスも必要悪という考え方もあるが、搾取は人権侵害であり、何ら疑問を持たず目をつぶってしまうことには賛同できない。とくに障害等で自ら声を上げられない者については、受け入れ先の内情を可能な限り把握し、「繋いだら終わり」ではなく、問題の発生や本人と合わないようであれば、ためらわず「繋ぎ戻し」の検討がされるべきだ。なお、人権侵害が行われる可能性は、社会福祉法人等の運営する立派な施設でも同様である。

目的を同じくし、本人の側に立って連携できる所かどうか選ぶ眼を持つことが必要だ。見守り（監視ではない）のある中間的な施設の設置等、施設の特色や本人との相性を考慮することができるように、選択肢が増えることが望まれる。

◉生活保護

釈放後の生活基盤をつくるために、生活保護申請は重要な選択だ。生活保護へのスティグマから申請を望まない者や情報不足により自分には権利がないと誤解している者、そもそも制度を知らない者もいるため、制度についての具体的な説明が求められる。扶養照会や収入申告、稼働年齢の場合は就労指導について等の説明のほか、担当者が高圧的な態度で接してきた場合の心構えも伝えている。今まで人間関係がうまくいかなかったり、見下されたり等の経験から、担当者の無配慮な物言いを聞き逃すことができず自分に不利な反応をしてしまわないようにするには、事前のアドバイスが功を奏する。

【事例3】 Dさん　六〇代・男性　詐欺

Dさんは派遣の建設業で働いていたが、持病の糖尿病が悪化して仕事ができなくなった。県外からZ市へたどり着き、所持金わずか数円の状況で福祉事務所に生活保護の相談をしたが、Z市の生活保護窓口はアパートを探してくるよう伝えた。Dさんはひとり見知らぬ土地で不動産屋を回ったが、保証人も身分証もない状況でどこからも断られた。電話ボックスで夜を過ごそうとしたが、空腹と寒さに耐えかねて飲食店に入り、無銭飲食で逮捕された。

許しがたいが、未だに水際作戦や硫黄島作戦等の違法行為がまかり通っている福祉事務所は多数存在する。過去に生活保護の窓口に行ったが追い返された経験のある支援対象者は、少なくないのが実情である。

◉更生保護施設および自立準備ホーム

釈放後の選択肢として、本人が生活保護を望まず、すぐに就労をめざしたいという意思があれば、更生保護施設等の入所を検討する。施設について情報提供をしたうえで保護観察所に同行し申し出るが、働く意欲と能力だけで確実に入所ができるわけではない。

【事例4】 Eさん　三〇代・男性　建造物侵入

Eさんは派遣先で寮生活をしていたが、人間関係の問題で仕事に行けなくなり寮を出された。寒さと人目が気になって屋外では寝ることができず、建物に入って休もうとしたところ、警備員に見つかり逮捕された。面会時、Eさんに希望帰住地を尋ねたところ、社会への期待が薄いためか明確な希望もなく、生まれ故郷Y県を帰住地の選択肢として提案した。Eさんは数日間じっくり悩んだ末、故郷に帰ることを希望し、Y県の更生保護施設および保護観察所等と調整した。かなりの遠方であるため、施設側の聴取したい質問事項を加えてアセスメントを代行。ありのままを情報提供し、受け入れ決定にいたった。釈放当日は駅まで見送り、Eさんは八時間弱かけてY県に到着。夜間に出迎えたY県の施設職員と無事会えたとの連絡が入った。

事例のように、本人が帰住先として故郷を希望し、県外の施設に入所調整した例は数件ある。こうしたことが実現可能となるのは、県内外の研修等に積極的に参加し、支援者どうしが「顔の見える関係」になっているからだろう。できる限り本人が希望する場所、やり直したいと思える場所で、新しい一歩を踏み出してほしいと考えている。

◉住居の確保

アパートを借りる際に保証人のいない場合、保証協会を利用するが、本人が電話を持っていないことで利用できないことがある。しかし、携帯電話を購入するお金もなく、身分証がなければ契約もできない。最近ではプリペイド携帯は店舗販売がなく、インターネットでの購入となり、ネット環境が必要となるし、身分証がなければインターネットでの購入も閉ざされ、身分証を作成するには住所がない。

社会福祉協議会でお金を借りる場合、住民票があることが条件で、審査に数週間かかり、通帳も必要だと言われるが、そもそも住所がなければ通帳も作れない。こうして無限ループに陥ってしまうため、何も持っていない者が単独で生活保護申請し、住居を見つけることはかなり困難である。明日の空では、緊急連絡先になることで物件を紹介してくれる不動産屋の利用や、一旦シェルターに住所を移して身分証明書を作成し、事務所のパソコンを使って携帯を購入する等して切り抜けてきたが、最近、借金がある場合の保証協会の審査がより厳しくなっていると感じられること、保証協会を利用するのにも保証人が求められること等、住居の確保が著しく厳しくなっており、危機感を募らせている状況だ。

住みたい場所、環境で生活することができるよう、広く空き物件を持つ不動産屋や大家とのタイアップが可能となれば両者に有益となるが、元犯罪者とそれを支援する団体に対しての偏見もあり、協力は得にくいのが現状である（第4章参照）。

⊙就業の場の確保

支援対象者の生活歴を見ると、何らかの事情で就労が継続しなかった者は多いが、就労を一度もしないまま過ごしてきた者はほとんどいない。継続しないのは、仕事がきつい割には時給が安く、不安定な「派遣労働」に就かざるを得なかったり、見えにくい障害を持つゆえに能力以上の働きを求められ、人間関係がうまくいかなかったり、何らかの依存に陥っていたりが要因としてある。

積み重なった生きにくさが使い捨ての労働市場から抜け出すのを阻み、コミュニケーションの苦手さや健康上の問題を抱えていたとしても、選択肢なく不向きな仕事に就かざるを得ない。劣悪な労働条件でも我慢を強いられ、搾取の可能性も否めず、若いうちは便利に使われるが、病気やケガ、加齢により簡単に切り捨てられる。福祉事務所が生活保護申請をさせずに、寮付きの派遣労働を勧めることもあるが、仕事を辞めることが同時に家を失うことでもあるので、そうした派遣労働の弊害について本人に伝え、働き方について焦らず考えてもらうようにしている。ハローワークへの登録、求人誌、支援者の個人的な伝手等を活用し、時間はかかるが、やりがいのある仕事に結びつくよう支援すること、希望どおりにはいかないにしても本人自身が「折り合い」をつけていくことが、結果的に仕事の継続に繋がるのは確実だ（第5章参照）。

【事例5】 Fさん　五〇代・男性　道路交通法違反

職人で自営業だったFさんは、資金繰りで借金を抱え、車中生活となったのちに逮捕された。出所後、福祉事務所からは、すぐに働くようにと寮付きの派遣業を勧められたが、生活保護を申請した。生保CWからは就労を急かされたが、事情があり以前の仕事に就くのには抵抗があったFさんは、アパート入居後も迷いながら仕事を探していた。その間、弁護士（明日の空スタッフ）が債務整理を受任する等し、気持ちの切り替えができたFさんは、仕事や働き方、今後の人生についてじっくり考えることができ、まったく違う業界で正規職員となり、生きいきと働いている。

⊙健康の確保　医療機関の利用について

不規則な生活や食事、長い間の無理がたたって、多くの者が健康上の問題を抱えている。身体面では高血圧や糖尿病、腰痛、癌、虫歯の放置、精神面では統合失調症やうつ病、依存症等を抱えていたりする。逮捕されて初めて受診や治療をしたという者が多く、今までの生活の過酷さがうかがえる。

【事例6】　Gさん　六〇代・女性　窃盗

同居人のＤＶにより、同居人宅を出てホームレス生活を余儀なくされていたGさんは、空腹で食料品の万引きをした。勾留中の面会で腰痛を訴えてはいたが、留置場で診察は受けられなかった。釈放当日、歩行状態が悪く何らかの病気を疑って申し送り、一時帰住先の施設へ入所。入所時の健康診断により重篤な病気が診断され、緊急手術が行われた。Gさんは逮捕され、福祉に繋がったことで命拾いした。

他機関へ調整する際、医療情報の提供は要で、健康状態によっては帰住先も変わってしまう。勾留中の医療受診が徹底され、出所後に治療が継続されるよう、紹介状や診療情報の提供があれば治療に繋がりやすい。また、出所後すぐに医療機関にかかれないことを考慮すると、勾留中の処方薬があれば非常に助かるが、大概持たせてもらえることはない。

5 支援終盤で支援者が求めるもの

◉そもそも「終盤」はあるのか

生活保護を受給し、あるいは就労したからといって、もう何の心配もなく支援が終了するわけではない。住居を確保して経済的基盤が整ったあと、今まで見えなかった新たな課題が出現することもある。住所を設定したことにより借金の督促通知が届いたり、ギャンブル依存等の課題が明らかになったりなどは予想される範囲である。本人の希望で派遣の仕事に就き、時どき連絡を取り合っていた者から、「派遣切りにあって住むところが無くなった。」と数年後に連絡が入り、再びシェルターへ迎え入れたケースも何件かある。また、定着センター在籍時に支援した者を含め、再犯し、本人が希望する等で再び支援に繋がったケースも十数件に及ぶ。

【事例7】 Hさん　五〇代・男性　窃盗

借金苦により自殺企図があったHさんは、逮捕されたことで命が救われた。生活保護申請し、住居を確保した後に仕事を見つけ、一方で弁護士が債務整理を行ってようやく落ち着いた矢先、滞納していた税金の督促が届いた。Hさんは厭世観が強まり、置手紙を残してアパートを出してしまった。捜索願を出し、まんじりともせず連絡を待っていた数週間後の夜間、県外であてもなくさまよっていたHさんから連絡が入り、迎えに行った。

生きている限り誰にも何らかの問題は生じる。気軽に相談できる「誰か」は重要な存在だ。身寄りもなく、地域社会から隔絶された者であればなおさら、「相談」ができる本人の力、意思とその環境があるかどうかが命運を分ける。

◉引き継ぎ先の福祉機関との繋がりについて

高齢や障害等、既存の福祉サービスに繋いだ際、出所者支援をする者が社会資源の一つとして何らかのかかわりを継続できる場合と、遮断されてしまう場合がある。主となる支援者・機関が替わっても、本人にとってより良い支援が提供されるようにケース会議等を開催して多機関の連携体制を整え、それぞれの専門性を発揮して本人に寄り添っていくのが理想だが、既存の福祉の枠組みに入った途端、それまでの支援者が「部外者」にさせられ、発言権を奪われてしまうことがある。出所者支援をする者がいつまでもかかわることの弊害や、慣れ親しんだ制度のなかでの支援と比べ、出所者支援に得体の知れない怖さを感じるというのであれば、「出所者支援」という看板を取り払っても、こちらはいっこうにかまわない。既存の福祉制度や人とのかかわりから漏れてしまった人なのだと、思いをめぐらせてほしい。「所属先がどこか」、「制度の内か外か」で支援者の安心や都合を優先し、気づかないうちに権利侵害がまかりとおってしまわないよう、一人ひとりの尊厳が守られるよう、支援者間でもチェック機能を働かせることが必要ではないかと思う。

⦿いわゆる「終活」問題

今まで支援をしてきたなかで、すでに亡くなってしまった方もいる。風の便りで知らされれば、どう最期を迎えたのかが気にかかる。癌を患い、入院後間もなく亡くなったIさんの凄まじい生きざまは脳裏に焼き付いている。人生の最後にかかわった者として無縁仏にしてしまうのはやるせなく、遺骨はあるお寺の懇意により納骨された。死は避けられないことであり、長い年月かかわっていくのであれば、最期をどう迎えるか、疎遠となっている家族への連絡をどうするか等、一人ひとりの思いをあらかじめ聴いておくことも必要かもしれない。

6 支援者にとって必要なもの

⦿狭間の支援

出所者支援に携わる者がぶつかる壁、ジレンマについて、実践的活動から見えてきたこと、感じたことを述べてきた。本来、行政等公的な機関が十分に機能し、「できない」としていることを「できる」ことに変え、民間とも協力し合えれば、多くの課題が解決に向かっていくのではないだろうか。

しかし、現実では制度で補えない狭間がある。やらなければならないことが制度になければ、手探りでもわずかな歩みでも進んでいくのが福祉専門職としての使命だと考えている。

地域によって、機関によって、人やモノ等の社会資源は大きく異なり、出所者支援をする者たちが、それぞれ支え合えば、大きなうねりになっていくに違いない。現状、制度は整っていないが、横のつながりで支援者同士がの地域でそれぞれの課題を抱えていることだろう。

⦿大切にしていること

出所者支援をしていくなかで大切にしていることは、他の福祉支援と何ら変わりなく「本人の意思を尊重すること」である。本人の意思がなければ、支援者にとって最良と思えるものでも、本人にとっては押し付けに過ぎず、自尊心を奪い「更生」から離れていくようにすら感じる。今までの人生で失敗を繰り返し、あきらめたり、やけになったりしていても、「やり直したい」という意思がどこかにあれば、それを見つけ出したい。やり直したいという主体的な意思が、周囲の人の気持ちを動かし、「支援を得られた」という事実になり、たとえわずかでも自己肯定へと繋がっていくのではないだろうか。そして、本人の意思を尊重し、一緒に悩み考えてくれる人の存在が、やり直す勇気になればと願っている。

あらためて支援を振り返った時、出所者だからと言ってとくに身構えていることはない。性善説か性悪説かで言われることもあるが、意識はない。ただ、他人の人生にかかわっていく以上、自らの行動や思考を常日頃から振り返っているのはたしかだ。自分自身を含め、人を信じやすいかそうでないかで言えば、決して信じやすい性質ではないと思う。自分の無防備さゆえに対象者を疑ったり、加害をさせてしまうような事態を避けるため、リスクマネジメントは意識している。事態が発生したときに、「そんなことをするとは思わなかった」「信じていたのに」というのは勝手な思い込みである。加害者をかばい、被害者を責めているわけではなく、誰もが加害者となる可能性があるからだ。

ある公判で裁判官が被告人の男性に、「人間は二種類に分けられる。人のモノを盗む者と盗まない者だ。」と言ったことに違和感を禁じ得なかった。その被告人は、盗んだ時の精神状態を警察で話したが、まったく信じてもらえず、結果、嘘の供述をしたと裁判前（当日）に著者に打ち明け、偽りの供述にもとづいて進んでいく裁判を複雑な気持ちで傍聴した。どんな理由があろうと「罪は罪」だとしても、なぜ加害に至ったのか、判決のその後を、矯正施設に入ったその後を、せめて自分のかかわった一人の人のことについて、関心を持ってほしいと思う。

社会があまりに実体のない「常識」や世間一般の「普通」に縛られ、偏った価値観に翻弄されているような気がしてならない。「皆と同じ」価値観に合わない人、合わせられない人が生きにくい社会になってしまっている。出所者支援というマイノリティな活動に人生をかけた著者も、生きにくい者の一人だ。福祉行政機関からは疎んじられ、仲間を希求しても「変わり者」で片づけられてしまうことはたびたびだ。日々の活動で軸とする信念はあるものの、不安がつきまとって絶対的な自信とは結びついてはいない。ただ、自分の考えだけが絶対に正しいとは誰も言い切れないことはたしかで、だからこそ悩み苦しむことに意味がある。

以下四つは相反する感情や姿勢だが、著者が大事にしていることだ。

① 立ち止まること ⇳ 前に進むこと

みずからの支援の検証、振り返りと一歩を踏み出す勇気を持つこと。

② 疑うこと ⇳ 信じること

対象者についても、自分自身についても、社会の様々な事柄にも、何が真実か見極められる感受性と柔軟性を持つこと。

③ 協調すること ⇳ 戦うこと

多くの人や機関との連携も、権利侵害への戦いも、目的は対象者に軸足を置くこと。

④ 演じること ⇳ さらけ出すこと

必要に応じて求められる役割を演じること、同時に一人の人間として向き合うこと。あるときは慎重に、またあるときは瞬時の判断で、この「出所者支援」をしている。意識的というか直感的というかはわからないが、切り替えのスイッチは持っていたほうが良さそうだ。

◉目的は何か

著者が支援者として求めるものは、目的を見失わずに支援ができる環境である。目的はあくまでも、様々な要因によって罪を犯してしまった人たちが、本当の意味で生き直しができることである。その意味で、いつまでも支援する者とされる者という関係性だけが継続したのでは、目的を達したことにはならない。制度が確立していない今、制度づくりや個別の事案対応における主導権争い、「刑事司法v.s福祉」や福祉関係相互間で上下関係や優位性を争うのは無意味である。刑事司法と福祉の連携や出所者支援に関する様々な研究、つくられる制度が現場にどう生かされるのか、行政機関や支援者たちの本気度はどうなのか、見極めていきたい。そして、繋げる社会資源が豊富であるに越したことはないが、十分に備わっていなくても、手をこまねいているわけにはいかない。手法が違っても、支援者同士がお互いを尊重し合い、迷い悩みながら目的に向かって一歩一歩進んでいくしかないのだ。

さて、前述のAさんの刑期は終わりに近づき、明日の空が引受人となって環境調整が進んでいる。長期間の受刑生活で悔悟の念は当然のこと、過酷ないじめやうつ症状等にも苦しんだAさんとの手紙のやりとりは何十通にも及ぶ。結局、特別調整には選定されず、療育手帳の再判定も行われなかった。引き受けについては、お互いが長い年月をかけて決めたことである。不安がないわけではないが、Aさんがきっかけとなりこの活動を始めたのである。思えばAさんの存在は、否、かかわった一人ひとりが活動の大切な支えとなっていることはたしかだ。

出所者支援は司法や福祉だけが、あるいは一部の者たちだけが行うものではない。

「我々は何を為すべきかわかっていても、一人ではやれないだけなんだな」

凶悪犯罪を犯した一一名の元受刑者を政府の極秘プロジェクトである地方都市に移住させるというあらすじの漫画『羊の木』の登場人物のセリフである。出所者に限らず、人が人を支え、誰もが排除されることなく、やりがいのある仕事と温かな居場所を得られる社会、希望を持って生きていける社会をつくることが究極の出所者支援であり、人びとのパワーと包摂が最も必要な社会資源だと信じてやまない。

〔注〕

（1）名古屋刑務所において刑務官が受刑者を死傷させた事件。二〇〇一年一二月に刑務官が受刑者一名の肛門に消防用ホースで放水したことにより傷害を負わせ、死亡させた。また、翌二〇〇二年五月に腹部を革手錠で締め付けたことから受刑者が死亡した。同年九月には同様に、革手錠で締め付けられた受刑者が負傷し外部の病院へ移送された。これらの事件は、監獄法改正の一つの契機となった。

（2）ここでは、被疑者・被告人を含む出所者を「出所者」、矯正施設を出所した者を「矯正施設出所者」あるいは「刑務所出所者」とする。また、文中の事例については、関係者のプライバシーに配慮し、本質を損なわない程度に変更を加えている。取り上げた事例は比較的軽微な罪名だが、殺人や放火等の重大犯罪も支援対象である。

（3）調査支援委員会といわれる刑事司法手続きのなかに、福祉的観点からの客観的・専門的な意見を取り入れることを目的とした厚生労働省社会福祉推進事業「福祉による受け入れ促進及び支援の強化・充実のための研究事業」（社会福祉法人　南高愛隣会）に、二〇一四年から全国六番目の県として明日の空が参加。研究事業は二〇一五年に終了したが、現在も弁護人からの依頼で「調査支援委員会」が開催され、明日の空が委嘱した委員らにより困難ケースの協議、検討がなされ、「検討結果報告書」を公判の証拠として提出する。

（4）事典によると、地域社会は「一定の地域の人間関係によって結ばれる社会」で、社会は「複数の人びとが持続的に一つの共同空間に集まっている状態、またはその集まっている人びと自身」とある。ここでいう「社会定着」とは、まだ地域の人間関係が結ばれているとは言えない状態だが、社会という空間に入る状態を指している。じつは著者自身も地域社会には馴染んでいないし、定着という言葉のもつニュアンスにも違和感があるが、しっくりする言葉が見つからずに使用した。

(5) あかね雲の会は、支援する人される人の垣根を取り払い、横のつながりをつくり、時間と笑顔の共有を目的に実施。ボーリング大会やバーベキュー、お雑煮づくりなど様々なイベントで関係者が一堂に会する。

《参照文献》

浜井浩一(二〇一四)「高齢者・障がい者の犯罪をめぐる議論の変遷と課題:厳罰から再犯防止、そして立ち直りへ」『法律のひろば』六七巻一二号、一一~一二頁。

山上たつひこ・いがらしみきお(二〇一三)『羊の木 四巻』講談社、一五〇頁。

Column ④

矯正施設における社会福祉士の役割

河合由香　名古屋刑務所福祉専門官

どんな業務を担っているのか

私は矯正施設で福祉に特化した業務を行う、福祉専門官として勤務している。

私が勤務する矯正施設は、全国有数の多くの受刑者を収容している大規模な矯正施設であり、その受刑者のうち、福祉支援対象者に選定する者や釈放時に福祉支援を受けて出所する者など、一年間に社会福祉士がかかわる支援対象者は約一〇〇名にものぼる。

支援対象者の内訳は、社会的弱者と呼ばれる高齢者、障害者が大半を占めるが、なかには既存の福祉制度へのアクセスが困難である境界域の障害者や若年層の生活困窮者、さらには受刑者の家族支援なども含まれており、「地域生活定着促進事業」、いわゆる「特別調整」の対象者以外の支援も担っており、業務は多岐にわたる。

とくに、特別調整対象者以外の支援は年々増加傾向にあり、社会福祉の枠組みでは収まりきれない問題を抱えている者も多いことから、調整が難航することもしばしばである。決して気軽には頼めない者を地域にお願いすることに気が引ける部分もあるのだが、社会福祉士が直接地域に赴き、関係機関や地域の支援者とも何度も話し合いを重ね、支援方法を日々模索し協働に努めている。しかし、矯正施設の社会福祉士としてかかわることができる支援には限界があり、対象者の出所後は地域の力で支援が継続されている。

Column ④

ひとりの生活者が抱く当たり前の願いに寄り添う

このように、矯正施設で勤務する福祉専門職として高齢者から生活困窮者まで幅広いケースにかかわるなかで、これはあくまで私見であるが、矯正施設で勤務する役割は、社会福祉、地域、行政、制度、社会資源へアクセスする代弁者として、その権利を擁護すること（advocacy）ではないかと思っている。

実際、支援を依頼する際に「刑務所出所後、帰住地がなく、○○の障害があるから支援をお願いします」ということではなく、本人が抱える生活問題について社会福祉学を基盤とした視点でとらえ、本人とのかかわりのなかで、本来、彼らが持っている強さを活用しながら、出所後の目標を本人とともに設定し、出所後、本人の生活問題の解消と目標に向けての支援体制の構築を関係機関に対して働きかけている。

そこでは、刑務所出所者という特別なものではなく、ひとりの生活者としてごく当たり前に思う気持ち（ひとり暮らしがしたい。仕事をしたい。人から必要とされたいなど）に寄り添いながら、本人の思いを代弁し、権利を擁護していくことが重要であると考えている。

しかしながら、矯正施設の社会福祉士の支援は受刑者の出所日までとなり、関係機関とともに協働する時間も限定され、それゆえ、対象者本人との距離感の形成が難しいとも感じている。矯正施設の社会福祉士は、支援する対象者と出所後はいっさいかかわることができないため、対象者が社会福祉士をよりどころにしてはならない。また、距離が遠すぎても、支援過程のなかで本人の本心がつかめず、本人の主体性がないまま「ただ言われたとおりに支援を受ける」と一方的な支援となりがちとなる。今さらながら、矯正施設内という特殊な環境で、福祉支援に際して対象者との距離感の形成が難しいとつくづく実感している。

Column ④

これまで全国津々浦々、多くの医療福祉関係者に出所後の支援に携わってもらい、お互いに功を奏した点や反省すべき点を情報交換しながら、出所者支援のあり方や困難さを共有してきた。これからも出所者の支援が地域のなかで特別な支援でなくなるように、関係者とともに汗をかいていきたいと思っている。

そして、私自身も、矯正施設の福祉専門職というマイノリティな仕事をとおして「人が人を支援するとはどういうことなのか」「社会福祉とはなにか」と自問自答し、ケースを振り返ったときには「本当にこれで良かったのか」と悩むことも多いが、この仕事だからこそ社会福祉の本質というものが問われていると感じているし、私自身も答えが出ない「福祉とは」「支援とは」という難題に、一人のソーシャルワーカーとして常に向き合っていきたい。

最後になるが、矯正施設で勤務する福祉専門職として、前述のとおり、「一人の生活者としての当たり前の気持ち」に寄り添いながら、これからも微力ながらも前向きに、そして誠実に支援に携わっていきたいと考えている。

第4章

不動産業者のリスクを軽減させるものは何か

――出所者が暮らし続けたいと思える住まいの確保に向けて

掛川直之　日本学術振興会特別研究員（PD）大阪市立大学都市研究プラザ

1　なぜ、出所者に住まいの確保が必要なのか

二〇一六年一二月、再犯の防止等の推進に関する法律が公布・施行された。この立法を受けて二〇一七年九月に出された「再犯防止推進計画（案）」においても、居住支援に関する項目が、「Ⅱ　今後取り組んでいく施策」の「第2　就労・住居の確保等のための取組（推進法第一二条、第一四条、第一五条、第一六条、第二一条関係）」として取り上げられるなど、刑事政策のレヴェルにおいても、出所者の住まいの確保は喫緊の課題として認識されつつある[(1)]。その背景には、出所後に適当な帰住先のなかった再入所者の六割が再犯に及ぶというデータに

加え（序章も参照）、出所者の地域生活支援に携わる現場のレヴェルにおける出所者の受け入れ先や住居といった帰住先の不足が、深刻な問題の一つとして指摘されている（岡本 二〇一七：四八）。

過去一〇年間の出所事由別帰住先構成比の推移をみると、毎年、満期釈放者の半数を超える者の帰住先が「その他」にカウントされ、満期釈放者は、仮釈放者に比べて圧倒的に帰る場所がない、という現実がみえてくる（**図4―①**）。同時に、更生保護施設等の利用も仮釈放者に傾斜していることがわかる。加えて、二〇一三年の法務省調査によれば、帰住先がないまま満期出所した者の再犯時の生活状況は、ホームレス等が三〇・八%、ネットカフェ等が二二・〇%、暴力団事務所等が一〇・七%、賃貸住宅が一〇・一%、生活保護受給による賃貸住宅が八・八%、その他が一七・一%となっている。いうまでもなく、適当な帰住先がないままに満期出所となる者を減らしていくことが必要であろう。

しかしながら、掛川（二〇一六）において整理されているとおり、刑事司法領域が提供する居住支援の方策はきわめて限定されたものにとどまっている（**表4―①**）。法務省の「再犯防止推進計画等検討会」においても、住居の確保等の施策の強化の必要性が叫ばれ、とりわけ更生保護施設の役割に期待がかけられている。だが近年、その受け入れ人数は八三〇〇人前後で推移しており頭打ち状態にある。もっとも、更生保護施設や自立準備ホームは、就労意欲とその能力さえあれば誰でも入所できるわけではなく、その判断は保護観察所等に委ねられることになる。また、たとえ更生保護施設等を経由したとしても、四人に一人が次の定住先を確保できないまま退所しているといわれており、民間の居住支援団体との連携が不可欠な状況にある。

Veysey（二〇一五：六〇）は、犯罪歴をもつ者のアイデンティティの転換プロセスの必要条件として、衣食住などの基本的な欲求が満たされていること、身体的にも情緒的にも安全であることを挙げる。なるほど、生きていくことにほとんどの時間と労力とを割かなければならない状態では、「犯罪者」としてのネガティヴな状態から

図４―① 出所事由別帰住先構成比の推移

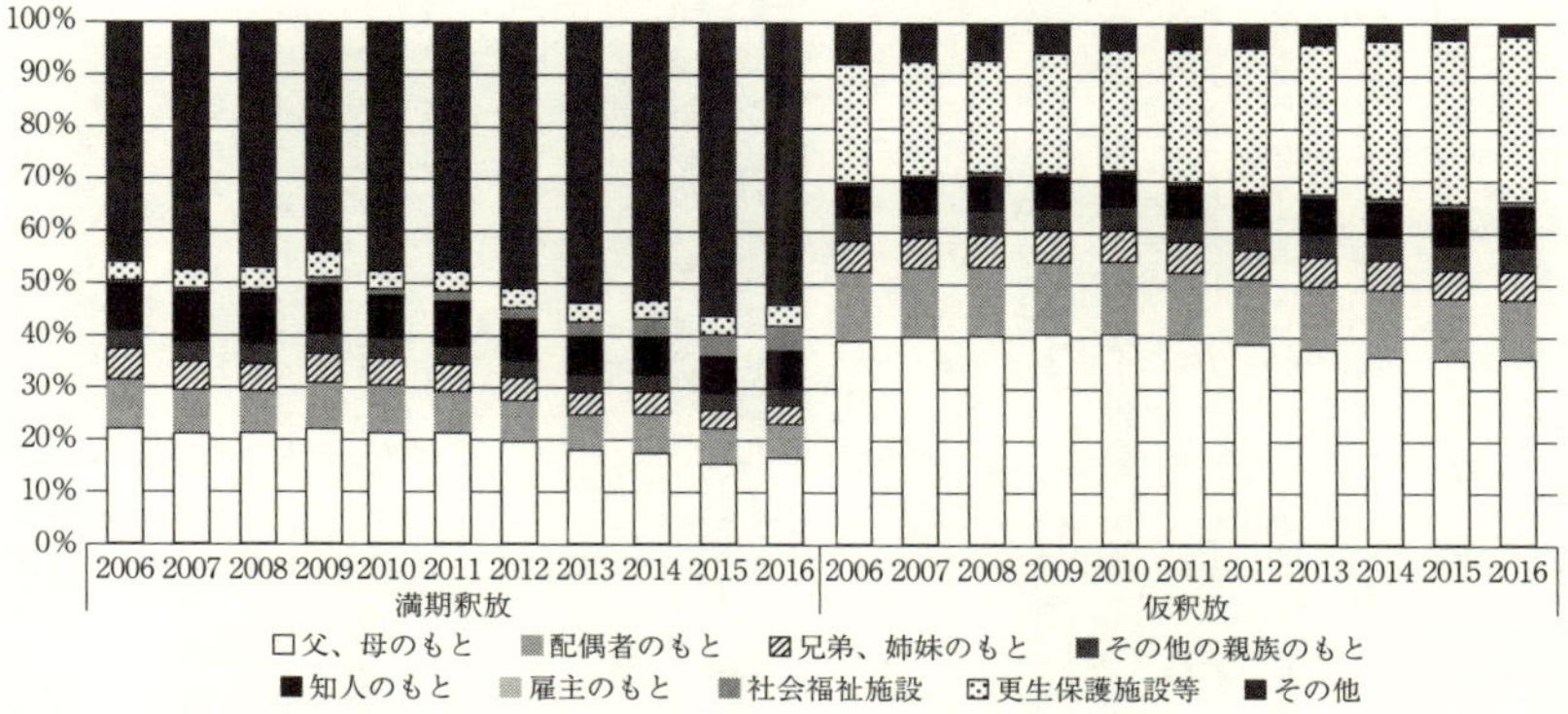

出典：法務省『矯正統計年報』より著者作成。

表４―① 刑事司法領域における居住支援施設

	更生保護施設	自立更生促進センター（および就業支援センター）	自立準備ホーム
特性	頼るべき親族等がいない者、生活環境に恵まれない者、あるいは、本人に社会生活上の問題があるなどの理由で、すぐに自立更生ができない刑務所出所者等を保護して、その円滑な社会復帰を支援している施設	親族等や民間の更生保護施設では円滑な社会復帰のために必要な環境を整えることができない仮釈放者、少年院仮退院者等を対象とし、保護観察所に併設した宿泊施設に宿泊させながら、保護観察官による濃密な指導監督や充実した就労支援を行うことで、対象者の再犯防止と自立を図ることを目的とする施設	あらかじめ保護観察所に登録した民間法人・団体等の事業者に、保護観察所が、宿泊場所の供与と自立のための生活指導（自立準備支援）のほか、必要に応じて食事の給与を委託するもの
施設数	103（うち高齢・障がいの指定保護施設57、薬物処遇重点実施施設が15）	4 （うち２施設は就業支援センター）	332（事業者数）
定員	2,349	58	非公開
主な対象者	継続保護事業対象者（保護観察対象者・刑の執行終了者・刑の執行猶予者等、現に改善更生のための保護が必要と認められる場合に、その者を施設に収容して、宿泊場所の提供等をおこなう必要のある者）など	受刑者のうち刑務所での成績が比較的良好であるものの現状では適切な帰住先を確保できないため仮釈放されず満期釈放となっていた者など	継続保護事業対象者（保護観察対象者・刑の執行終了者・刑の執行猶予者等、現に改善更生のための保護が必要と認められる場合に、その者を施設に収容して、宿泊場所の提供等をおこなう必要のある者）など
主な業務	生活援助・環境調整・生活訓練など	就労支援・金銭管理・家族調整・住居確保・退所支援など	居住確保・食事の提供・生活指導など
所管官庁	法務省	法務省	法務省
運営（実施）主体	更生保護法人・社会福祉法人・一般社団法人・NPO法人	法務省	更生保護法人・社会福祉法人・NPO法人
入所経路	保護観察所からの委託・本人からの申出など	保護観察所・刑務所からの委託など	保護観察所・検察庁からの委託など
入所期限	６ヶ月 （延長可の施設もあり）	３ヶ月（延長不可）	―
平均在所期間	77.4日	―	約60日
形態	グループホーム	グループホーム	一軒家・アパートの一室・グループホームなど
設置開始年	1888年	2009年（就業支援センターは2007年）	2011年

出典：掛川（2016：51）。

脱することを志向することすらできない。つまり、身の安全を保てる住まいの確保は、着る物、食べる物の確保とともに、人間が日常生活を営むうえでの必要条件であるとともに、犯罪からの離脱へ向けた必要条件にもなっている、ということである。とすれば、矯正施設や更生保護施設の中間施設等からの出所後、生活保護等を受給して居宅に移行する際に、円滑に安定した住まいを確保するためには、不動産業者の理解と協力が不可欠となる。本章では、そのキーマンとなる不動産業者が、何に不安を感じ、何をリスクだと考えているのか、という課題について整理したうえで、その不安や課題の解消に向けて留意すべきことは何か、ということについて検討していきたい。

2 不動産業者は何をリスクだと考え、いかに対応しているのか

ひと口に不動産業者といっても、家主、不動産仲介業者、不動産管理会社、家賃保証会社、など様々な業者が存在し、その立場によっても感じ方は一様ではない。またそれぞれ、借主となる出所者とも多様な契約関係が生じることになり、不動産賃貸借の締結までには、複数の契約を同時並行で結んでいくことが求められる（一般的な不動産賃貸借にかかわる諸契約イメージは**図4—②**のとおり）。そのうえ不動産賃貸借契約の締結には、家主から家賃の支払いにかかる連帯保証人を求められることが多い。しかし、社会的排除状態におかれた出所者や生活困窮者といった「属性」をもった人びとにとって、この連帯保証人を立てることは決して容易ではない。現在の不動産賃貸借契約にかかる制度枠組みのなかでは、連帯保証人を立てることができなければ家賃保証会社を利用することになる。だが、この家賃保証会社を利用する場合には、連絡先の電話番号の保有や緊急連絡先が必須と

表4―② 不動産業者のリスクと主な対応策

発生しうるリスク	主な対応策
①家賃滞納	・弁護士や司法書士などの広義の法曹資格者への依頼 ・借主が生活保護受給者の場合には福祉事務所のケースワーカーへの相談
②近隣トラブル（とくに、騒音）	・直接対応しひどい場合には退去勧告
③失踪	・家賃滞納期間が2週間を経過したところで施錠するなどの覚書を契約時に交わして対応
④再犯	・刑事弁護人やソーシャルワーカーへの相談
⑤原状回復費用の負担	・家賃保証会社が補填する特約を設けるなどして対応
⑥孤独死	・家賃保証会社や家主との特約を設けるなどして対応

出典：著者作成。

図4―② 一般的な不動産賃貸借契約のイメージ

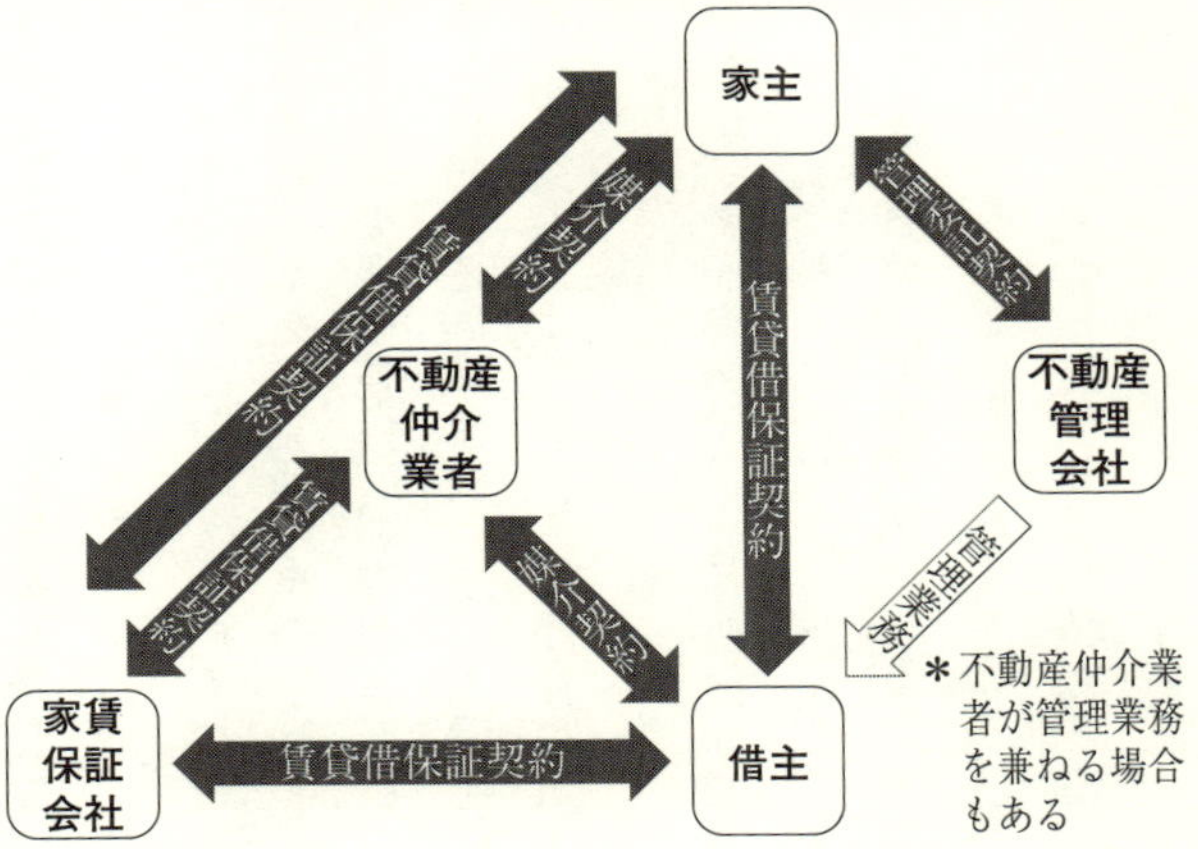

出典：著者作成。

なっている地域や会社もあり、家賃保証会社を利用するうえでも、もう一段階違ったハードルが設定されていることもある。携帯電話の契約のためには、通常、それを購入するための一定の現金と身分証明書とを有している必要がある。身分証明書がなければプリペイド式の携帯電話を購入することになるが、そのためにはインターネット環境が必要になり、これも一筋縄ではいかない。身分証明書も連絡先もない状態で出所者を受け入れてくれる不動産業者はほぼないであろうことはかれらの視点に立って考えてみれば想像に難くない（このような状態に陥った出所者への支援の実例については、第3章において言及があるので参照されたい）。

　では実際に、不動産業者は出所者を受け入れるにあたって、何をリスクと感じるのであろうか。筆者が不動産業者への聴き取り調査を続けるなかでわかってきた事実として、とくに不動産仲介会社は、出所者であることに大きな不安は感じないし、罪種も気にしない、というところが多いということがある。ただし、やはりというべきか、日々直接的に入居者と接触することになる家主や不動産管理会社は、出所者であるということを理由に拒否感を示す業者もある。この点を危惧して不動産仲介業者は、あえて犯罪歴を開示せずに物件探しにあたることも少なくないようであった。本節では、筆者が推進事業検討委員会委員（調査担当）として参与した「二〇一七年度社会福祉推進事業　生活困窮者や住宅確保要配慮者に対する居住確保と生活支援を総合的に行う人材の育成に関する研究事業」（研究代表：奥田知志）における不動産業者および居住支援団体に対する聴き取り調査の結果を参考に検討を進めることにしたい。

全国ネット（二〇一八）によれば、不動産業者が実際に出所者を含む生活困窮者を受け入れるうえで、具体的なリスクとして想定している事態には、①家賃滞納、②近隣トラブル、③失踪、④再犯などが挙げられる。さらに、退去時には、⑤原状回復費用の負担、⑥孤独死なども問題になるといわれている（**表4―②**を参照）。このようなトラブルの処理にあたっては、以下のような対応がとられている（全国ネット二〇一八：二八～三三）。①家賃滞納については、弁護士や司法書士などの広義の法曹資格者に依頼するケースから、借主が生活保護受給者の場合には福祉事務所のケースワーカーに相談する、というケースまで様々である。②近隣トラブルについては、「隣室の音の問題」が一番トラブルに発展しやすいという指摘がみられた。不動産仲介業者が「騒音対応は本人のところに行く。あまりに聞き分けないときは転居もすすめることもある」ということであった。③失踪については、「他の人に迷惑をかけることはないように留意している。（生活）困窮者のケースは、滞納（期間が）二週間たったら（を超えたら）施錠するなどの覚書を交わすなどの特記事項を設けて対応している」という業者もみられた。「アセスメントのスキルも上がってくれば失踪は減る」と指摘する業者もあり、入居時の見立てがその後のトラブル発生の有無を見極めるポイントになる、ということもわかった。④逮捕されるような事件を起こすことを含めた再犯の問題も生じうる。逮捕されてしまうようなケースでは、被疑者となった借主が起訴される見込みはあるのか、矯正施設等への収監の可能性はあるのか、ということを刑事弁護人や出所者支援に取り組むソーシャルワーカーとも連携をとって対応していくことが求められる。加えて、退去時の⑤原状回復費用の負担については、家賃保証会社が補塡する特約を設ける方法をとっている不動産仲介業者もあった。退去時に生じる諸リスクをある程度は覚悟のうえで、「トータルに損をしない（不動産）管理を、大家に提案している」という業者もみられた。⑥孤独死については、「保証人がいる場合には保証人に処理をお願いするが、保証業者の対応が望めない場合には大家が原状回復費用を負担することになる」ということが指摘されていた。[2] 全体として、トラブル発生時には「連携している生活困窮者の支援団体に相談し、対応を依頼する」という業者もみられた。いずれにせよ、たとえ出所者等の属性を有していない者であっても、トラブルは発生しうるものである。不動産業者の視点から考えると、トラブルが発生した場合に、いかに対応するのかをある程度あらかじめ想定しておき、出所者支援に取り組むソーシャルワーカーがいかにかかわるのか、ということを事前に取り決め、毅然と対応することが不可欠になるだろう。

もっとも、出所者は、矯正施設等――とりわけ刑務所――において、他者とコミュニケーションを禁じられ、自分で考え、自分で決めることを徹底的に抑制された条件下で拘禁されてきた人びとである。少なくともしばらくは、その意思決定に何らかの支援が必要なケースも考えられる。その場合、出所後、ハウジングファーストモデルによる支援を行い（稲葉ほか編 二〇一八）、ソーシャルワーカー等による充分な援助を受けつつ、アパート等での生活を営むことが最良の選択であると考えられる。しかしながら、出所者支援も含めた生活困窮者支援をとりまく居住支援の現状を鑑みれば、社会資源にも限りがあり、困難をともなうといわざるを得ない。[3] またさらに、

図４―③　出所者の帰住先のイメージ

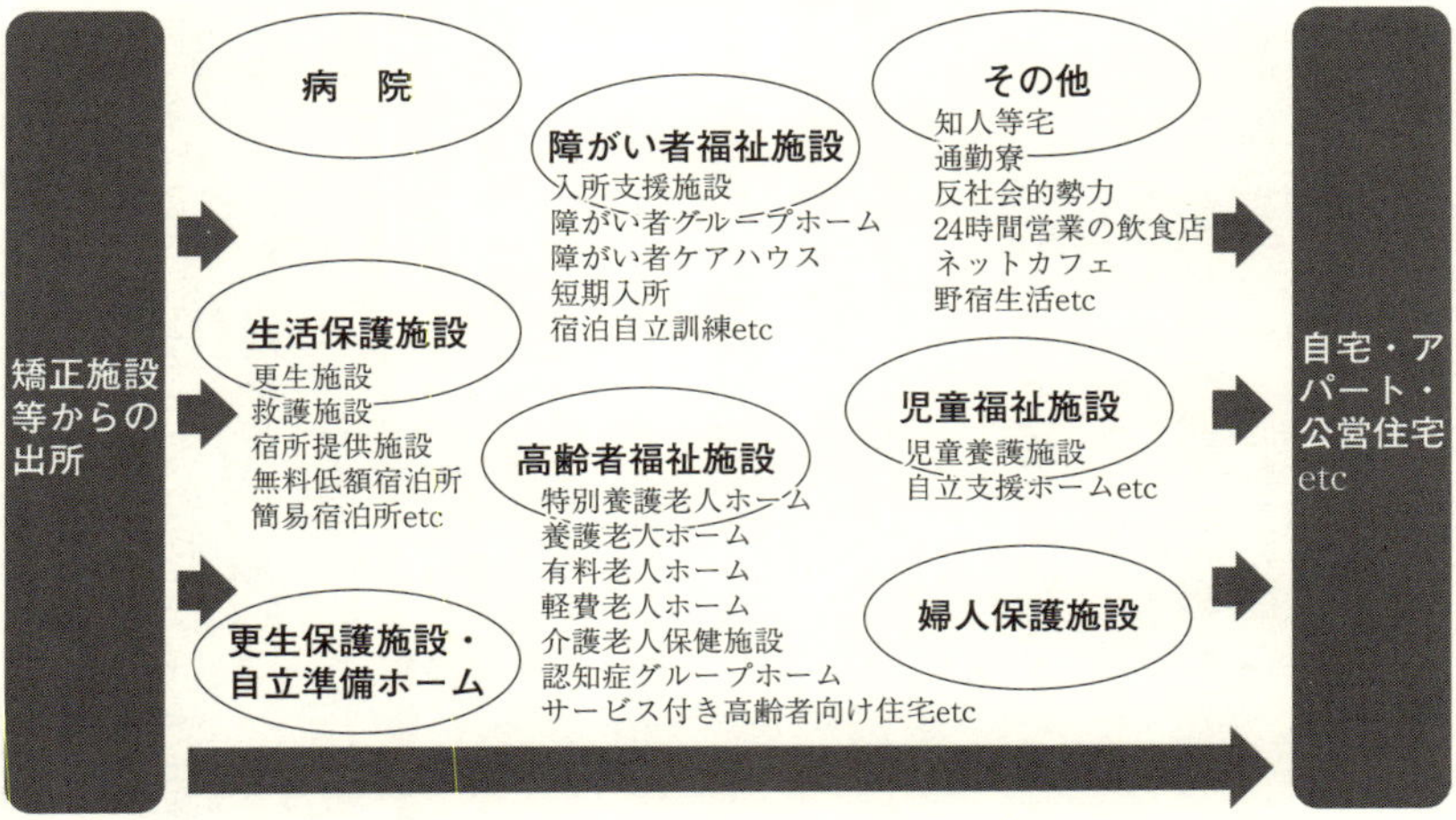

出典：著者作成。

コミュニケーションと意思決定の連続を迫られる現代社会において「自立」した生活を営むためには、出所者に対しては従来的なステップアップモデルが有効に働く可能性について前向きにとらえることもできうる。刑務所という全制的施設で徹底的に管理されてきた出所者が、ソフトランディングに社会に戻っていくためには、多様なコミュニケーションの連続のなかで、自分で考え、自分で決めることを求められる社会での生活に向けた一定の「慣らし期間」を設けたほうがよい場合もありうる（この期間は刑務所のなかでは見えていなかった出所者の生活課題等を確認する機会ともなりうる）、というわけだ。**図４―③**は出所後、出所者が入居しうる中間施設等のイメージ図である。現状では、生活困窮、高齢、障がいといった出所者各々が抱えている課題に応じた福祉等の施設を介在させることが多い[4]。更生保護施設や自立準備ホームといった刑事司法領域の提供する居住支援施設を除いては、不動産業者と同様に、出所者の受け入れに際して、職員や他の入居者の安全確保やトラブルなどを危惧しており、やはり出所者に対する漠然とした「不安」をもっているということもわかっている（掛川 二〇一八a：六四）。このような「純粋な」福祉機関における出所者の受け入れに際しては、その機関で最初に受け入れた出所者が「出所者」という「属性」に対する印象を色づけることになる。この点を充分に考慮したマッチングを行う必要がある、ということも忘れてはならない。

3 出所者が住み続けたいと思える住まいを確保するために必要な支援とはどのようなものか

矯正施設や中間施設から退所した人たちの多くは、その後、単身での生活をおくることになる。かれらが社会のなかで孤立することをいかに防止するかということが、地域生活への定着に向けての、ひいては再犯を防ぐための重要なポイントになってくる（居宅移行後に「孤立」しては本末転倒である）。そのためには、居宅を得たのちも継続的な「見守り」支援にあたる支援者の存在が必要となる。そのうえで、犯罪行為につながるこれまでの〈悪い〉関係を断ち切り、犯罪行為からの離脱につながる〈良い〉関係をいかにつなげていけるかが肝になる。このとき、出所者の住まいの確保という文脈において、とくに留意しなければならないのは地域住民からのスティグマであろう。スティグマは関係性をあらわす概念であり、社会との相互行為のなかで付与されるものである（Goffman 一九六三：一六）。たとえば、「刑事司法への信頼に関する調査二〇一四」（研究代表：津島昌寛）において、「あなたは、刑務所を出所してきた元受刑者があなたの近所に住むことを、どのくらい進んで受け入れようと思いますか」という問いに対して、五八・二％の人が受け入れを拒否し、「わからない」を含めればその数値は八三％にいたるという結果が出ている（**図4—④**）。それではわたしたちはなぜ出所者が隣人となることを望まないのだろうか。その理由には何か具体的な根拠があるわけではなく、なんとなくの不安やスティグマにあるので

図４―④　地域住民の出所者に対する忌避度

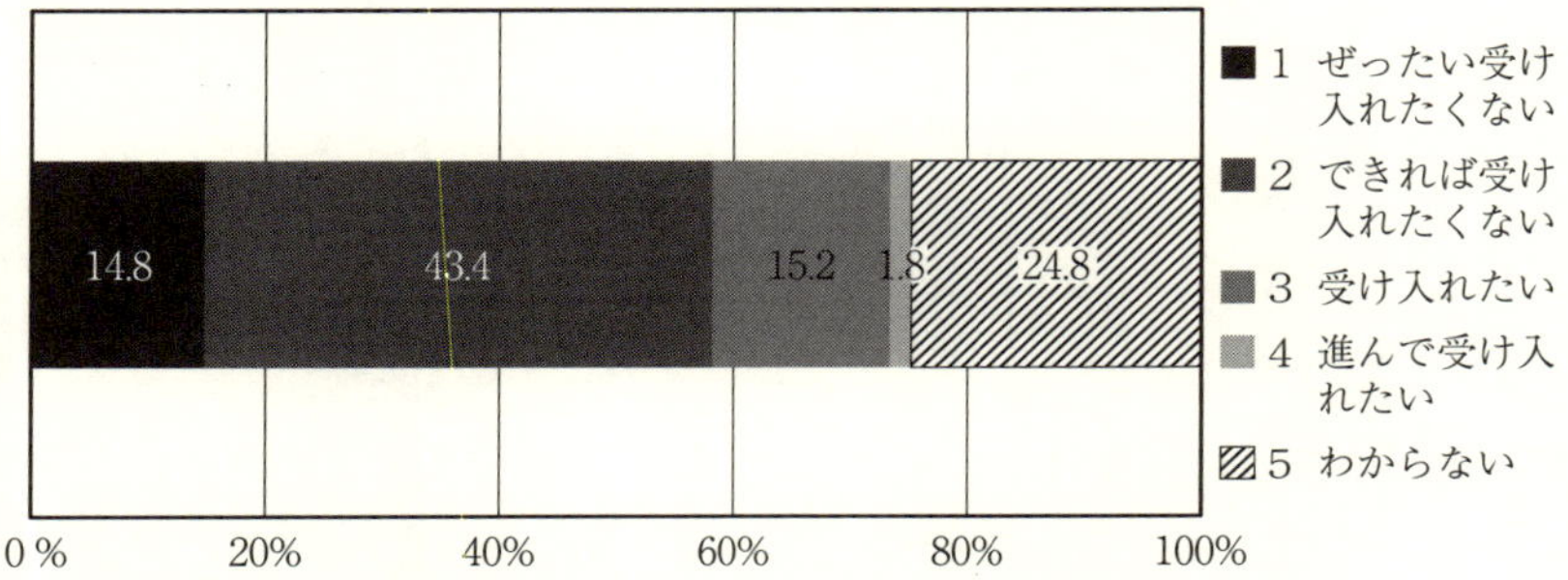

出典：刑事司法への信頼に関する調査結果（2014）より著者作成。

はないか（掛川 二〇一七ａ：五七）。人びとによってつくりあげられてきた、あたかもモンスターかのような「出所者」という虚像が、何となくの不安やスティグマを強化し、刑務所を代表する矯正施設等から出所しているという一つの事実だけが焦点化されて、目の前にいるその人の姿を見えなくしてしまっている。「出所者」である、という色眼鏡は、その人の実像を知る機会から遠ざけ、何だかよくわからないままに世にもおそろしい存在としての、どぎつい「犯罪者」のフィルターをかけている。そうすることでたとえ刑務所に入っていなければ福祉の対象として認識されずに見過ごさされてきた人であっても、刑務所を出所したときから再びすべてが自己責任かのようにとらえられてしまうのである。この問題を乗り越えるためには、外的な問題だけではなく、出所者自身の「志向性」へと働きかけ、社会的役割の獲得に向けて支援する必要がある。

また、出所者が出所後に失う最たるものに、他者からの、そして自分自身からの「信頼」が挙げられる（掛川 二〇一六：六七）。「信頼できるということは、仕事を得たり、家を買ったり、または隣人の子どもの子守をするための担保である。スティグマは個人の信用を落とし、信頼を損なう」ことになるのだ（Veysey 二〇〇八：四）。Maruna（二〇〇二）もまた、犯罪からの離脱には、自分が社会において責任を果たせる主体である、社会において一定の役割を果たせる存在である、と意識することが求められるという。すなわち、社会から許される価値のある存在、他者から許されることで自分を認め、犯罪から離脱できるようになる、というのだ。この「信頼」という点をいかにフォローしていくかが、出所者支援にとって特徴的な課題の一つとなり得る。この点、野村（二〇一三：二三一）は、施設コンフリクト発生後の合意形成をめぐり、「信頼」の重要性を強調するとともに、当事者間において感情論で対峙するのではなく、それぞれの利害を客観的に考慮することのできる「仲介者」が、施設コンフリクトの合意形成に大きな役割を果たす、と指摘している。出所者支援における出所者へのスティグマの解消をめぐっても、この「仲介者」、すなわち支援者の存在が重要になるのではないだろうか。さらに、出所者にとって、困ったときに相談できる人や場所の存在は不可欠となる。単に住まいが確保されれば解決するというわけではなく、そこで住み続けるための生活支援がセットで行われなければならない。その人にそこで暮らしていきたい、暮らしていけると思える場所をつくり、人と人とをつないでいくことが出所者の居住支援を含む地域生活支援には必要なのである。(5)

では、出所者が地域のコミュニティのなかで、住まい、暮らしていくためには何が必要か。その基本は「関係性」へのアプローチにある。まずは支援者が地域の資源を理解して、その人にあった資源を選択する。そのうえで、単にそこにある資源と資源とをつないでいくだけではなく、出所者にかかわる「人」を少しずつ増やしていくということが望ましい。またさらに、支援者が、出所者が罪を犯すことによって失ってしまった他者からの「信頼」を補塡する存在になるということも、求められる支援の一つとなる。決して一朝一夕にはいかないが、長い時間をかけて醸成されていくことで、一つの事故などでは簡単には崩壊しない「信頼」を構築していくことが求められる（野村 二〇一四：一一一〜一一二）。出所当事者の視点に立った地域での粘り強い福祉的な支援が展開されなければならない。

同時に、スティグマの解消に向けては、出所者自身と社会との相互関係に着目していく必要がある。岩間（二〇一四：一五六）は、福祉的支援の中核的価値を「本人主体」と位置づける。そして、そこから派生した根源的価値として、「存在の尊重」「主体性の喚起」「支え合いの促進」を挙げる（岩間 二〇一四：一五九～一六六）。福祉的な支援を考える場合、当然のことながら支援を受ける対象者自身が人生の主人公である。そうであるとすれば、支援者は、支援対象者が主体として生きていくことを支えていくことが求められ、「本人主体」であることを忘れてはならない。あわせて、個人の「存在」の尊重は、地域住民の「主体性」につながる。出所者一人ひとりの個人を尊重することから、地域を変え、社会をつくっていくという視点をもつことが、出所者支援にも求められているのだ。

4　出所者が住み続けたいと思える住まいを確保するまでのプロセス

すでに指摘したように、刑務所において他者とのコミュニケーションを禁じられ、自分で考え、自分で決定する能力を奪われてきた出所者には、一定の見守り体制のなかでの「自由な」生活へのならし期間が必要となる場合もあると考えられる。**図4―⑤**は、出所者に対する住まいの確保を基盤とする地域生活支援のイメージを四段階に分けて図式化したものである（掛川 二〇一八b）。

◉第1ステージ　⓪出所前支援ステージ

出所者支援の場合、矯正施設等に配置されている社会福祉士等を通じて、矯正施設等を出所する前の段階、入所中に出所後の野宿生活を回避するための生活環境調整を開始するのが理想的といえよう。よって、出所者支援においては、まず矯正施設等への入所中からの「⓪出所前支援ステージ」が設定されることになる（のぞみの

図4—⑤　出所者に対する居住支援の4ステージ

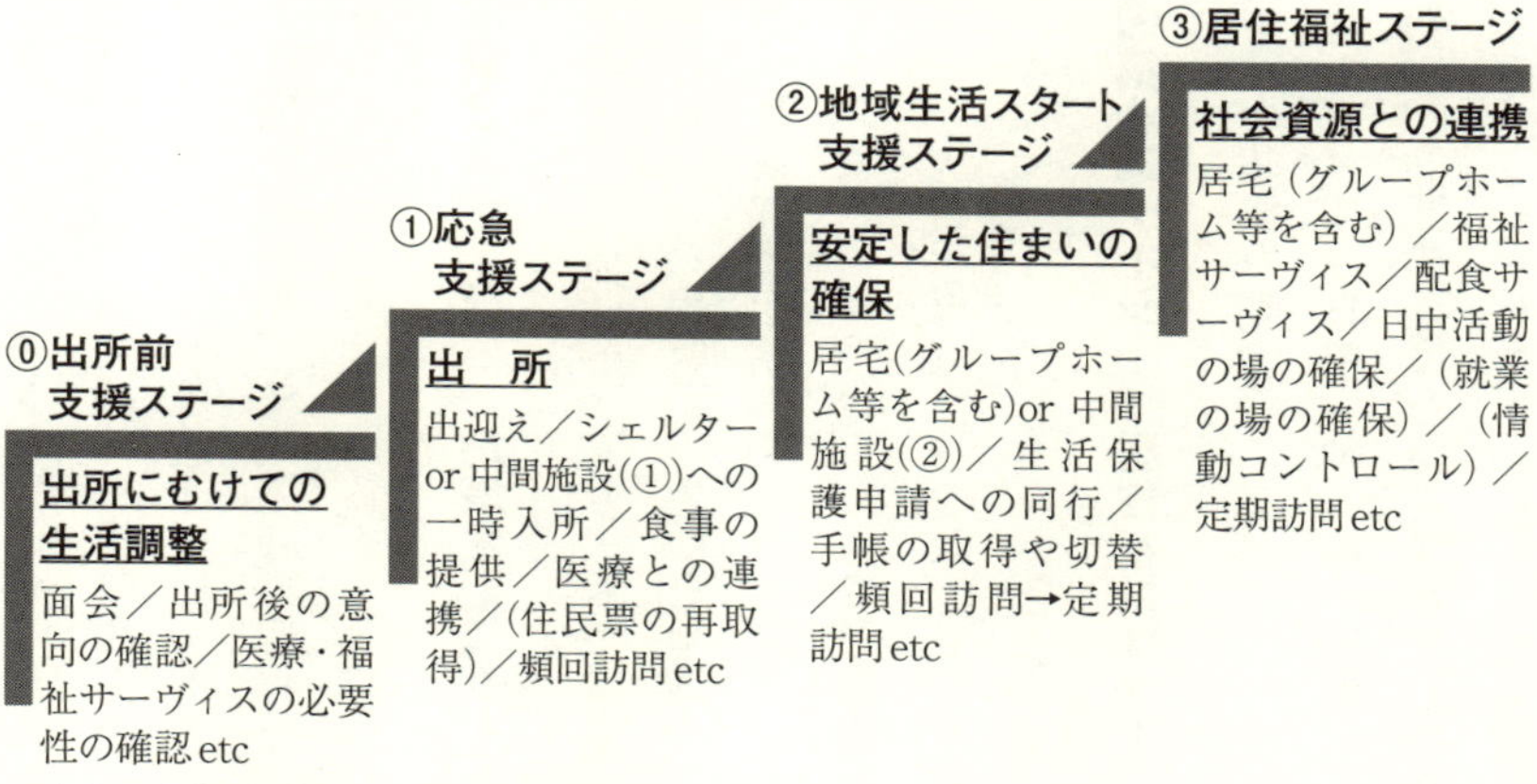

出典：水内（2010）等を参考に著者作成。

園二〇一七：一五）。ここでは、支援者が矯正施設まで受刑者への面会に出向き、受刑者の出所後の意向の確認、医療・福祉サーヴィスの必要性の確認などを行うことが求められる。そのためには、受刑者が矯正施設等に入所している段階からコンタクトをとっておく必要がある。このことを可能にするためには、受刑者自身が外部の支援者を探し出し手紙等を送って支援を要請するか、矯正施設等の福祉専門官や社会福祉士等を通じて外部の支援者にコンタクトをとっておく必要が生じ、一定、ハードルの高さをともなうことになる。

◉第2ステージ　①応急支援ステージ

次に「①応急支援ステージ」として、出所直後の支援を開始することになる。出所後、何よりも重要なことは、出所当日の対応にある（掛川二〇一七b：三七〜三八）。その第一歩は、矯正施設への出迎えである。社会的排除状態におかれた出所者にとってこの出迎えは、孤立感を軽減するために大きな役割を果たすものになるだろう。矯正施設等における生活は非常に禁欲的なものであり、食べたいものを食べるということはほとんどできない。ある支援者は、受刑中に本人から出所したら一番に食べたいものは何か、ということを確認しておき、できうる範囲でそれを実現するように心がけていると語っていた。単純なことではあるが、本人と支援者との信頼関係を構築するためにも重要なことであると思われる。その後、居宅を確保できていればよいが、そうでない場合には、シェルターや中間施設に一時入所することになる。同時に、必要に応じて食事の提供や医療との連携、住民票の再取得などの行政手続きを行うとともに、支援者は、出所者のもとに頻回訪問を行う必要があると考えられる。

◉第3ステージ　②地域生活スタート支援ステージ

その後、「②地域生活スタート支援ステージ」へとあゆみを進めることになる。応急的にシェルターや中間施設に入居していた出所者の生活を地域の一員として開始していくために、居宅（必要に応じて別の中間施設）への移行、生活保護申請への同行、障がい者手帳の取得や切り替えなどの行政手続きを完了させる。支援者は本人の様子をみながら頻回訪問から定期訪問に切り替えるなどして、伴走型の支援を続けていく必要があるだろう。そうして、居宅や安心して過ごせるアパートやグループホームなどの安定した住まいを確保して、生活の基盤を整えていくことになる。

◉第4ステージ　③居住福祉ステージ

一定の基盤を整えることができたとすれば、「③居住福祉ステージ」へと移行する。たえず福祉サーヴィス、配食サーヴィス、日中活動の場の確保、可能であれば就業の場の確保、必要であれば情動コントロールなどを行いながら、訪問の頻度を減らすなどして地域への定着を多機関多職種による連携によって実現させていくことになるだろう（Column⑧も参照）。様々な支援機関や、就労に限定されない日中活動の場あるいは就労の場において、出所者の生活を営むうえでのキーマンを探し出し、人間関係を安定させ、本人にとって価値のある役割を見つけ出すための支援を実施することが望まれる。むろん、出所者は⓪から③に向けて、ときにトラブルを起こし、再犯につながることもあるなど様々な不安や迷い、葛藤のなかで揺れ動きながらの生活を送ることになる。こうした一連の流れのなかで、出所者はコミュニティへの帰属意識を生成し、地域へと根づいていくのである。

◉出所者の社会復帰に向けた4ステージが有する意義

このようにして出所者に対しては、一定の支援が得られる状態から段階的に地域生活へと移行を進めてくことが多い。繰り返しになるが、出所者がその住まいで暮らし続けていくためには、地域生活を見守っていく支援者が不可欠となる（掛川 二〇一八b：五三）。そうして住まいを見つける支援から、その住まいで定住するにいたるまでの生活支援まで、あらゆる専門職が連続性のある支援を行うことにより、家主をはじめとする不動産業者や地域住民等の不安を緩和・除去していかなければならない（野村 二〇一七：二一五）。住まいの支援を足がかりに、出所者の生活を支えていく支援を展開していくことが、犯罪行為からの離脱にもつながっていくという見方だ。出所者本人にとっても、「再犯」は大きなリスクになりうることをふまえたうえで、本人が再び矯正施設等に収監されない、いや、されなくて済むためのきめ細やかな支援が必要となるのである。

〔注〕

（1） 再犯防止推進法にもとづき、国土交通省が「犯罪をした者等の公営住宅への入居」に乗り出しつつある。

（2） やどかり（二〇一八：四四〜五七）においても、①孤独死、②失踪、③逮捕、④家賃滞納、⑤居住生活上のトラブルを主な項目として同種の調査を行っている。

（3）　支援ケースの件数が少ない支援団体や地方都市における積極的な取り組みが期待される。また、住宅確保要配慮者に対する賃貸住宅の供給の促進に関する法律の一部を改正する法律（いわゆる改正住宅セーフティネット法）を出所者の居住支援にも活用していくことも考えられる。居住支援協議会や居住支援法人による入居支援等を出所者に適用したり、不動産業者の側も住宅確保要配慮者の入居を拒まない登録住宅制度や、家賃債務保証料の補助や家賃低廉化補助、住宅の改修費の補助などの経済的な支援を活用することで、出所者の居住支援にも資するところが多々出てくるであろう。なお、この改正住宅セーフティネット法にまつわる居住支援の動向については、石川（二〇一八）等を参照されたい。

（4）　支援者は、出所当事者のもつ特性、状態、性格等を見極めて、各出所当事者にあった居住施設をコーディネートすることが求められる。居宅か、施設か、それぞれのメリット・デメリットをきちんと説明したうえで、本人が「選択」できることが何よりも大切だ。

（5）　出所者の居住支援にもかかわるＮＰＯ法人やどかりサポート鹿児島の芝田淳代表理事は、「アパートに入って本当の意味でのホームレスになった」という支援対象者のことばに衝撃を受け、「本人が守りたいと思える生活」を実現する支援のあり方を強調し、「つながり」と居住の「安定」とをセットで考えていくことの重要性を指摘している。居宅であれ、施設であれ、本人がそれを選択できる「自由」が確保されており、本人の意思にしたがって地域での生活が営めるということが重要である。

《参照文献》

石川久仁子（二〇一八）「居住支援全国ネットワークと住宅セーフティネット法改正」住宅会議一〇三号三四～三七頁。

稲葉剛・小川芳範・森川すいめい編（二〇一八）『ハウジングファースト――住まいからはじめる支援の可能性』山吹書店。

岩間伸之（二〇一四）『支援困難事例と向き合う――一八事例から学ぶ援助の視点と方法』中央法規出版。

Veysey, Bonita M. 2015 'Offender Rehabilitation and Reform' *In Annual Report for 2014 and Resource Material Series* No.96 pp.58-62

岡本英生（二〇一七）「地域生活支援に携わる人々から見た現状――立場による意識の違い、そして社会に送り出す側から見えるもの」生島浩編著『触法障害者の地域生活支援――その実践と課題』金剛出版、四四～五四頁。

掛川直之（二〇一六）「矯正施設等出所者に対する居住支援――刑事司法領域における現状と課題」『居住福祉研究』二一号、四五～六四頁。

掛川直之（二〇一七ｂ）「当事者の語りから汲みとる出所者のニーズ」安田恵美・掛川直之編『刑務所出所者の更に生きるチカラそれを支える地域のチカラ』大阪市立大学都市研究プラザ、三三～三八頁。

掛川直之（二〇一七a）「出所者にどう関わり、どう支援するのか」『月刊福祉』一〇〇巻三号、五六～五七頁。

掛川直之（二〇一八a）「救護施設における出所者の受入れ実態と課題――地域生活定着支援センターとの連携に関する全国調査研究結果から」『居住福祉研究』二四号、五八～七三頁。

掛川直之（二〇一八b）「住まい確保からはじめる出所者支援」『住宅会議』一〇三号五〇～五三頁。

Goffman, Erving 1963 "*Stigma: Notes on the Management of Spoiled Identity*" Prentice-Hall（＝石黒毅訳（二〇〇一）『スティグマの社会学――烙印を押されたアイデンティティ』せりか書房）。

特定非営利活動法人ホームレス支援全国ネットワーク（二〇一八）「二〇一七年度社会福祉推進事業　生活困窮者や住宅確保要配慮者に対する居住確保と生活支援を総合的に行う人材の育成に関する研究事業　調査報告書」特定非営利活動法人ホームレス支援全国ネットワーク。

特定非営利活動法人やどかりサポート鹿児島（二〇一八）「平成二九年度生活困窮者就労準備支援事業費等補助金（社会福祉推進事業分）生活困窮者、高齢者、障害者等に対する居住支援の現状と課題解決のあり方に関する調査研究事業」特定非営利活動法人やどかりサポート鹿児島。

独立行政法人国立重度障害者総合施設のぞみの園編（二〇一七）『理論と実践で学ぶ知的障害のある犯罪行為者への支援』独立行政法人国立重度障害者総合施設のぞみの園。

野村恭代（二〇一三）『精神障害者施設におけるコンフリクト・マネジメントの手法と実践――地域住民との合意形成に向けて』明石書店。

野村恭代（二〇一四）「信頼社会の構築へ――合意形成のためのリスクコミュニケーション手法」TASC MONTHLY 四五七号六～一二頁。

野村恭代（二〇一七）「居住福祉を基調とした地域福祉政策における専門職の役割」阿部昌樹・水内俊雄・岡野浩・全泓奎編『包摂都市のレジリエンス――理念モデルと実践モデルの構築』水曜社、二〇七～二一七頁。

Maruna, Shadd 2011 "*Making Good: How Ex-Convicts Reform and Rebuild Their Lives*" Amer Psychological Assn（＝津富宏・河野荘子監訳（二〇一三）『犯罪からの離脱と「人生のやり直し」――元犯罪者のナラティヴから学ぶ』明石書店）。

水内俊雄（二〇一〇）「ホームレス支援による居住福祉の試みとインナーシティ再生」『貧困研究』四号、九～一三頁。

Column ⑤

矯正施設入所者の支援について

堀田紀子
岡崎医療刑務所福祉専門官

矯正施設の社会福祉士として勤務して、あと少しで一〇年目になる。当初は、刑務官が積み重ねてきた「矯正の文化」を理解するのに苦労した。また、矯正施設や現場の刑務官も、新しい文化や価値観を持った社会福祉士と勤務することに戸惑いが多かったように思う。いま振り返ると、刑務官には、私の認識不足から随分と失礼な発言をしてしまった。福祉士の基本となる境界線をどこに置くかについて、いつも悩みながら仕事をしてきたように思う。専門家として配置されたものの、矯正施設の福祉支援のマニュアルも実績も、経験のある福祉関係の上司も存在しないことを、勤務していくなかで遅ればせながら理解し、その業務の責任の重さを実感しながら日々仕事をしている。

支援のバトンを社会へつなぐ

現在、私が勤務している岡崎医療刑務所は、精神や知的障害を有する男子受刑者を収容し、専門的治療を実施している矯正施設である。精神科や他科の医師が必要に応じて治療を行っているのはもちろん、看護スタッフも多数いる。疾病や障害のために、対象者は自身の症状を適切に伝えられないことが多く、精神症状や身体管理などについて細かいチェックを行っている。刑務官は、対象者の特性を理解し、ときには厳しく、そして対象者にわかりやすい平易な言葉で相談にのってくれている。教育の先生は、薬物依存離脱指導等の教育を実施しているが、病状が不安定な対象者に配慮しながら授業を行っている。刑務所にはそのほかにも、薬剤師、管理栄養士、庶務課や会計課など様々な職種の人が勤務している。そのなかで私は、対象者の福祉支援として障害者手帳を取得や、関係機関とのあいだでの出所後の生活の場や福祉サービスなどの調整を主な仕事としている。刑務所における出所にかかわる最後の支援ということで、在所中の医師や看護師、刑務官のみなさんによる支援のバトンを社会の関係機関につなぐ役割を担っているため、その責任の重さを感じながら毎日を送っている。

対象者とどうかかわるか

対象者とのかかわりの難しさは、出所後の生活について相談にのるとはいえ、障害の関係で出所までの一年間、一ヶ月といった時間の長さが理解しにくく、対象者がこれからの見通しを持ち、きちんと出所を果たせるための調整や情報共有が、言葉だけではできにくいことにある。そのため、対象者の障害特性に配慮して、図やフローチャートを利用するなどの工夫が必要になってくる。

また対象者も、障害や社会経験の乏しさから、出所後の生活をイメージすることが難しい場合がある。具体的には、ひとり暮らしをするのか、あるいは施設に入所するのか、どのような福祉サービスを利用するのがよいか、といった生活設計の問題である。こうしたことは、実際に足を運んで、自分の目で見たり体験したりする機会が必要だと考えている。

また、対象者に家族がいる場合は、家族と対象者の関係や、家族が抱えている課題などを出所までに調整しなければならない。矯正施設で家族と面接することもあるが、家庭内での暴力や経済問題のほかに、対象者の疾病や障害について、家族からの理解がなかなか得られないといった事情もあり、正直なところ、どこから手をつければよいのかわからなくなるときもある。家族と面接を始めると、本当に何時間でも話をしてくれる。このことは、それまで家族のなかに受刑者がいることを誰にも相談できずにきたことの現れだろう。初めて安心して話せる相手は刑務所の職員だったのではないか、と思わせる場面によく遭遇する。

以上のようなケースについて、出所日だけが決まったなかで福祉支援が始まるが、問題をすべて解決するのは難しい。出所後は福祉関係機関に支援をバトンタッチすることになるが、個人的には、一定期間でもよいからそうした機関と一緒に対象者の支援にかかわることができればよいと思うことがある。しかし、現状ではそうもいかず、対象者には本当に申し訳ない気持ちでバトンを手渡すことになる。

福祉専門官の役割

出所後、矯正施設の福祉士は、出所者がどのような経緯で社会生活を送っているのかを知る機会はほとんどなく、残念なことに、再犯によって矯正施設で再び会う対象者もいるのである。そうやって失敗事例の要因は知ることができても、成功事例の成功要因は知る機会がない。やはり、成功事例に学ぶ機会はぜひとも必要である。

刑務所の社会福祉士にとって、対象者の権利擁護は大事な業務の一つである。刑務所には医療を受ける機会は保障されているが、福祉を受ける機会はまだまだ十分ではない。刑務所に福祉士が配置されたことで一定の権利向上は図られたものの、まだ道半ばというところだろう。対象者はもちろん、矯正施設の職員、そして社会の福祉関係機関に福祉の重要性を理解してもらう必要がある。それが、出所後に対象者が地域で当たり前に暮らせることにつながると思う。

対象者やその家族が入所時に抱えてきた課題は様々である。しかも、貧困、家族関係、障害、疾病、孤独などが、長い年月のあいだに複雑に絡み合っていることが多い。一つの課題を解決するだけでは不十分であり、複数の課題に時間をかけて取り組む必要がある。社会で安心して生活できること、その経験を通して、対象者は自信を取り戻していくように思う。貧困、家族関係、障害、疾病、孤独は対象者だけの課題ではなく、元をたどれば社会の課題だということを発信していくことが、刑務所における福祉士の役割だと考えている。

第5章

雇用主の躊躇を取り除くものは何か

――出所者を雇用するハードルを下げる

喜多見達人　精神保健福祉士・キャリアコンサルタント

1　支援対象者と雇用主を結びつけることが就労支援なのか

この文章は、危篤状態になった父の病床の横で書き始めた。病室は静まり返り、時折交わされる父との会話以外には酸素吸入器の「ポコポコ」という音だけが響き渡っている。なぜこのような状況下で執筆しているのか。これは父の病床に赴く一二時間前に行った受刑者との面接の際に交わした会話が大きく影響している。対象者の彼は「僕には生まれたときから父の存在を知らず、小さい時から身近な人が働いている実感がない。だから就労する意味や意義を指導されてもまったく理解することができない。理解を拒んでいるわけではなくやる気がないわけでもないが、就労が継続できない原因のような気がする」と述べていた。

あとさきになったが、筆者は就労支援スタッフとして刑務所、少年刑務所、拘置所と、性質の異なる矯正施設での勤務経験がある。「矯正施設イコール刑務所」ではなく、犯罪の累進や特性によってＰＦＩ方式で運営される社会復帰センターなど多様な施設が存在している。もうこの職に就いて六年以上が経ったが、この発言を聴いてハッとさせられた。筆者を含めて矯正施設内で就労支援を担当している支援職は支援対象者と雇用主を結びつけることだけに注力しており、対象者の就労に対する背景や不安にまったく向き合えていないのではと内省する気持ちが強くなった。同時に、矯正施設内での就労支援において職業観や社会性の醸成を謳っているものの、背景を深く理解しようとはしていないといった欠如要素の一つが明確となった瞬間でもあった。

もう一つ、この本を手にされる支援職のみなさまにご満足いただけるのか、共感いただけるのかという思いも同時に広がっている。なぜならば、この本を手にしていただく方の支援対象者は「出所者」であるが、筆者の接している支援対象者は「受刑者」である。筆者は矯正施設に配置された非常勤の就労支援スタッフという職制上、出所後の支援継続は不可能であり、出所後の就労継続に関する効果測定などのエビデンスも不十分な状態である。自分の仕事はソーシャルワークであると定義したときに、「仕事に就くこと」と同様に「仕事を継続する」ことへの支援の重要性を認識しているが、職場、仕事への定着といった重要な部分を、職制上とはいえ担うことができない筆者では、執筆内容や論拠、根拠に不足があるかもしれないと最初にお断りしておきたい。事例は仮想条件になることと、また採用成功事例と一般的にいわれている内容はあえて記述しない。それは成功事例と呼ばれる内容をトレースすることを危惧するからである。さらに、意見や感想にわたる部分はすべて筆者の実務経験にもとづく私見としての表記となることも、あわせてご理解いただきたい。

前置きが長くなったが、父の意識が明瞭なうちの会話に就労支援のヒントがあるのではと、生命の残り時間を気にしつつ書き始めた次第である。

2 受刑者（出所者）就労支援の過去、現在、未来

まず簡単に、就労支援の流れを説明しておく。出所後に公共職業安定所に対して受刑歴を非開示で求職申し込みした場合は、一般求職対象者として取り扱われ、求人検索、求人紹介、応募までの流れも一般求職者と同一である。矯正施設在所中に就労支援対象者として選定され求職申し込みをしている場合は、在所中の求職登録や公共職業安定所との面接などの内容が、帰住後に利用する公共職業安定所に引き継がれるメリットがあり、シームレスな支援が可能となっている。担当窓口は専門援助部門（地方によっては呼称は専門相談部門）では、非公開求人である受刑者専用求人の紹介、応募に際しての求人企業との調整や受刑歴を含む空白期間の表現方法など、対象者自身が困っている事象に対する具体的な支援が期待できる（**図5―①参照**）。

また、更生保護法四〇条の規定により、保護観察に付されている対象者（いわゆる仮釈放者）は保護観察期間中に遵守事項（門限や出張の制限）が付されていることが多く、求人を選んでいく際には制約になる可能性がある（実際に遵守事項があるから働けないと主張する者も存在する）。この場合、保護観察所での更生保護就労支援事業の活用が考えられる。この制度は運用されている地域もまだ限定的であり、制度利用を申し出ても利用できない場合もあるが、支援対象者を担当している保護観察官を通じて、各都道府県の就労支援事業者機構にご相談いただければ力になって下さると思う。

これらの就労支援の流れは、二〇〇六年度から実施されている刑務所出所者等総合的就労支援対策の基幹であ

図５―① 受刑中から出所後までの就労支援の流れ

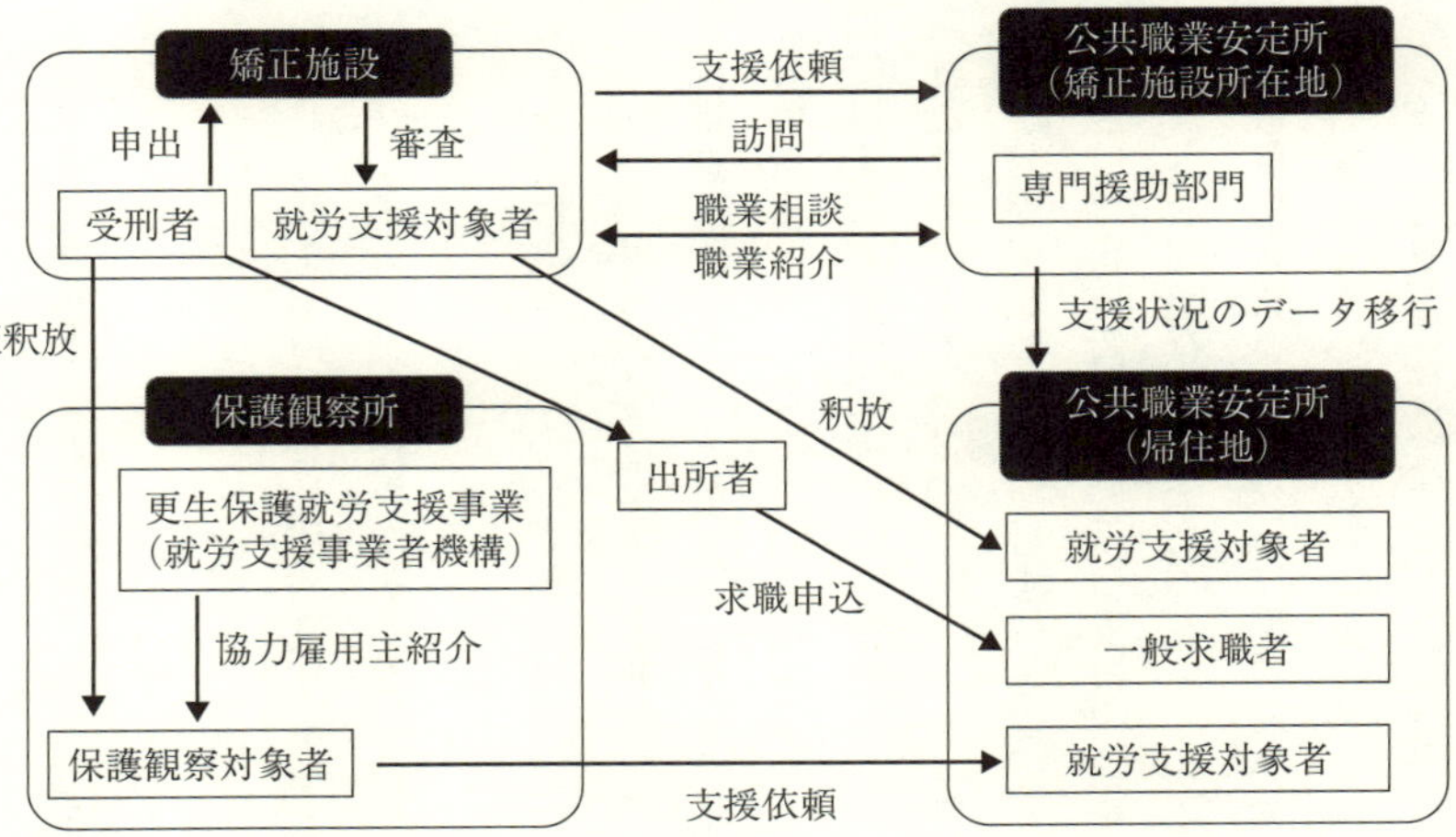

出典：著者作成。

るが、広く社会に認知されたのは二〇一四年一二月に犯罪対策閣僚会議において決定された「宣言：犯罪に戻らない・戻さない」であり、体系立てて行われている支援としての歴史はまだ浅い。この宣言では社会的包摂（ソーシャルインクルージョン）の視点から書かれており、支援の姿勢や基盤となることから全文を表記する。

「犯罪や非行が繰り返されないようにするためには、犯罪や非行をした本人が、過ちを悔い改め、自らの問題を解消する等、その立ち直りに向けた努力をたゆまず行うとともに、国がそのための指導監督を徹底して行うべきことを前提とすると同時に社会においても、立ち直ろうとする者を受け入れ、その立ち直りに手を差し伸べなければ、彼らは孤立し、犯罪や非行を繰り返すという悪循環に陥ってしまう。そうならないよう地域で就労の機会を得ることができれば、自分を信じることができる。住居があれば明日を信じることができる。彼らの更生への意志は確かなものとなり、二度と犯罪に手を染めない道へとつながっていく」

この宣言は、出所者の支援の方向性を明確に示している。この宣言の理念のもと、出所者の就労について社会的に理解が広まった結果として、就職者数は二〇一一年度一八九四人→二七九〇人、実際に出所者を雇用している協力雇用主は、二〇一一年四月時点で二八五社、二〇一七年四月時点で七七四社と着実に増えている。

また、二〇二〇年までの数値目標として「1　犯罪や非行をした者の事情を理解した上で雇用している企業の数を現在の三倍にする。2　帰るべき場所がないまま刑務所から社会に戻る者の数を三割以上減少させる。」としている。これを実現する具体的取り組みとして「1　社会のニーズに合った矯正施設における職業訓練・指導の実施。2　求人と求職のマッチングの強化。3　犯罪や非行をした者を雇用しやすい環境づくり」が盛り込まれた。

これを受け継ぎ、二〇一六年一二月には再犯防止推進法が公布施行され、これにもとづき二〇一七年一二月には、二〇一八年度から二〇二二年度までの五か年を計画期間とする「再犯防止推進計画」が閣議決定された。「再犯防止推進計画」では、「就労の確保等」項目の具体的施策として「1　職業適性の把握と就労につながる知識・技能等の習得。2　就職に向けた相談・支援等の充実。3　新たな協力雇用主の開拓・確保。4　協力雇用主の活動に対する支援の充実。5　犯罪をした者等を雇用する企業等の社会的評価の向上等。6　就職後の職場定着に向けたフォローアップの充実。7　一般就労と福祉的支援の狭間にある者の就労の確保。」が策定されている。このなかで支援職として注目すべきは、「6　職場定着支援と7　福祉的就労」が盛り込まれた点だと考えている。この二点は矯正施設内での就労支援実務を通じて、問題点として考えていたからである。

このような問題意識は法務省としても認識されていると思料され、二〇一八年度再犯防止シンポジウムの演題は「一般就労と福祉との狭間にある者への就労支援」である。これは就労支援を希望する対象者のうち、福祉的就労を必要としている対象者は少なくないことを意味し、支援としても福祉的就労の観点が求められていることがわかる。筆者の実務のなかでも精神障害者手帳もしくは療育手帳を利用して、障害者求人や就労継続支援A、B

事業所の利用を意図した就労支援にチャレンジしている。しかし、受刑期間中に就労を前提とした相談支援事業所など外部支援機関との連携は、通達などが未整備であり、矯正施設に配置されている社会福祉士との連携も行われずに、個々の就労支援スタッフの人脈と見識に左右されているのが現状である。そもそも仕組みとして、住所地以外での障害者としての求職者登録は不可能なため、障害者支援機関との連携、事前面接といったごく一般的な支援手法をとることすら困難となっている。

再犯防止推進計画のなかで就労支援とは別項目となっているが、「住居の確保等」項目の具体的施策として「1　矯正施設在所中の生活環境の調整の充実。2　更生保護施設等の一時的な居場所の充実。3　地域社会における定住先の確保。」、「高齢者又は障害のある者等への支援等」項目の具体的施策として「1　関係機関における福祉的支援の実施体制等の充実。2　保健医療・福祉サービスの利用に関する地方公共団体等との連携の強化。3　高齢者又は障害のある者等への効果的な入口支援の実施。」、「特性に応じた効果的な指導の実施等」項目の具体的施策として「発達上の課題を有する犯罪をした者等に対する指導等」や「犯罪被害者等の視点を取り入れた指導等」については就労支援との関連性が強い項目として挙げておく。第1節でお断りしたとおり、現段階では支援に対するエビデンスを持ち合わせていない。この点については、「再犯の実態把握や指導等の効果検証及び効果的な処遇の在り方等に関する調査研究」が明確に表記されたことは、受刑者、出所者への支援が社会資源として社会のなかで受容され認知されるためには重要な項目と考えている。

ここまで読み進めていただいた支援職の方ならすでにお気づきだと思うが、「再犯防止」という言葉がすべての項目の基盤となっており、何度も登場してくるキーワードとなっている。実際に政府一丸となった再犯防止対策により、刑務所出所者の再入率は二〇〇五年の二一・七%から二〇一五年の一七・九六%まで減少しており、「再犯防止」というキーワードにもとづき政府自体が出所者支援に力点を置いていることは明白である。しかし、出所者支援の制度、仕組みが過度に特別なものとして用意されるとすれば、特別視されることにつながり、社会への復帰は困難となるのではないか。すでに社会に存在している普遍的な支援と別立てとすれば、特別な制度、仕組みから外れると自立ができないことにつながるのではと危惧している。たしかに支援が再犯防止、再犯抑制という目標がなければ、公的に支援を行うことは不可能である。しかし、支援職として自分自身の将来、未来を考えたとき、数多くの支援施策に記載されている「再犯防止のために」という目的を文字どおりに受け取り、支援を行って良いのだろうか。このことは、社会防衛的な観点での支援は本人意思が反映されない強制的な支援につながり、結果として支援職自身が社会に受容されない支援をつくり出していくことにつながるのではと危惧している。実際に社会的包摂から遠く外れた視点で出所者を特別視し、特別な仕組みのなかだけで処遇する支援職や雇用者の方に出会うことがあるが、「出所者支援」という目的は希薄となり、結果として支援や雇用を難しく困難化させている。残念ながらこのような現実から、出所者支援が難しく考えられる要因を支援職や雇用者自身がつくり出している一面もあるのではと著者は考えている。

3　支援対象者の特性や不安

就労支援を受けている支援対象者の不安は、以下の二つの言葉に集約されている。

「最下層の人間としてばかにされているのではないか」

「どうせ受刑者だからだめな人間だと思われているのではないか」

たった二つの言葉であるが、社会に存在する一人の人間として向き合ってほしいという本質を理解していただければ、雇用者、支援者の不安も解消できると考える。

次に、支援対象者を理解するために基本となる理論を申し上げておく。これを読む支援職の方は、自己研鑽や資格試験の勉強を通じて「マズローの欲求段階説（内閣府ホームページ http://www8.cao.go.jp/youth/suisin/pdf/soudan/04/s8-1.pdf#page=2）をご存知のことと思う。何を今さらここで言い出すのかと思われるほど、支援職としては基礎的な理論であり、遠い過去の記憶でしかないかもしれない。しかし、出所者支援のインテーク面談では、対象者が欲求段階のどこに位置するかを見立てることが重要となる。マズローの欲求段階説は、自己実現（創造的活動）、自我の欲求（認知欲求）、親和の欲求（集団帰属）、安全の欲求（保安等）、生理的欲求（衣食住等）の五段階に分かれる。ここで再犯防止推進計画に記載されている「矯正施設在所中の生活環境の調整の充実」という言葉を再び思い出していただきたい。就労支援を希望している対象者は、帰住環境と呼ばれる釈放後の生活、家庭環境が不安定である、もしくは存在しないことが少なくない。仕事、就労の前に生活や家庭環境に関する強い不安を吐露する対象者は多く見られ、実際、筆者の実務でも矯正施設在所中に生活環境の調整や改善を意識した支援も、就労支援と併行して行うことが多い。一般的に就労支援を担当する場合、自己実現や自我の欲求の段階での支援が多いと考えるが、出所者支援の場合は安全の欲求、生理的欲求の段階が多く、安全な生活環境や衣食住に不安を抱く対象者の心情理解が支援の基本となる。おそらく支援職の皆さんは、自己実現、自己欲求の段階に生活が存在していると思われる。このため就労支援のなかで労働の尊さや支援者みずからの職業観にもとづく指導をされることもあると思うが、対象者視点では就労は想像もつかない遠い理想の姿としかとらえられず、支援の実効性はほとんどないと考えられる。対象者の欲求段階を共有し理解するには、ラポール（信頼関係）の構築といった基本的な能力が必須であることは言うまでもない。

最後に、対象者の特性についてである。「就労支援」を希望する対象者の主訴は多岐にわたる。たとえば、面接で対象者が述べる希望職種がよい例である。以下のような事例に出会った場合、支援者としてどのように理解し支援するか。

【事例1】 二五歳・男性 傷害致死
両親、兄弟の所在は不明で帰住先は未定。職歴はない。
希望職種はユーチューバー。ユーチューブのコンテンツは人気のテレビ番組をアップロードをしておけば儲かると聞いた。一山当てて受刑期間の無収入を取り返したい。

【事例2】 四五歳・男性 詐欺・窃盗
両親、兄弟の所在は不明で、帰住先は更生保護施設。職歴は複数ある。
お金のためにだけ働きたくない。これからは夢を持って働きたいので未経験であるが、菓子職人かそば打ち職人として働きたい。

いずれのケースも、対応に苦慮されるのではないだろうか。
受刑者就労支援の現場ではそのほかにも、カジノディーラーなど公共職業安定所の窓口相談ではまず出ることのない職種が数多く登場する。ある意味、自分の経験に囚われず自由な発想ができる柔軟性は特筆すべき能力かもしれない。一見して楽をして稼ぐことのできる仕事として選択しているように見える発言であるが、それは支援者側の価値観にもとづく先入観であるように筆者は考える。対象者は受刑前と同じような働き方、職種ではまた再犯、再入が起こるのではという強い不安感があり、まったく異なる職種、清廉な環境への強い欲求がこのような思考につながっていると著者は考えている。事例への対応法に正解はないと考えるが、対応へのヒントについて、あとの節で私見を記述したい。

4　雇用者への不安や課題

最初に受刑期間中の就労支援について、雇用者の方からご質問をいただく内容について説明をしておきたい。求人紹介をはじめとする就労支援は、本人からの願い出にもとづき、処遇審査会という場で審査されたあとに開始される。釈放後の就労見込みがない受刑者に対して指導はあると思われるが、就職活動は強制されるものではなく、あくまでも本人の自主性に委ねられている。また、矯正施設への入所時および釈放前六ヶ月前くらいには、釈放後の就労見込みについて定期的な面接や書面において調査が行われる。この内容について全国の施設を横断した統計や集計は成されていないため、論拠、根拠についてはご容赦願いたいが、筆者の実務では、入所前に就労していた土木、建築業種、職種への復職が決まっている受刑者は相当数存在している。このため、これらの業種、職種の経験者が入所していたとしても求人紹介に至るケースが少なくなると推測している。反面、営業職や事務職として復職が決まっているケースは皆無であるが、これら求人については、矯正施設にいただく求人も少ないのが実情である。これらのことから業種、職種別の求人充足率は、公共職業安定所で公表されている求人紹介実績と大きな差異はないと推測する。「受刑者だから職や住居に困って応募するであろう」という観点や、実際には存在しない雇用条件での求人は存在しないと信じたいが、もし存在したとしても、対象者本人は見抜く力は持っている。求人票の記載内容から雇用者の熱意や意欲を読み取っている。この点からいえることは、「〇〇作業全般」とだけ記載されている求人票よりも、具体的な仕事内容や業界での優位性、さらには将来ビジョンが多く記載されている求人票を選択する傾向が強いということである。「日払い現金支給します」「二〜三日程度の短期就労でもＯＫ」という目先のことよりも、雇用者自身が実感している、継続する原動力となっている仕事の厳しさをプライドとして表現していただいたほうが、対象者、支援者に対して訴求力がある。そして資質の高い応募につながると考える。

雇用者の採用する姿勢について、以下の事例を読んでどう感じられるだろうか。

【事例３】

公共職業安定所を通じて、受刑者専用求人への応募意思を伝えて紹介状を発行してもらう。しかし、本人が履歴書を送付していないにもかかわらず、当日夕方には公共職業安定所に採用内定のファックスが届く。他の応募者との間違いではないかと公共職業安定所が確認すると、「当社は誰でも採用するので、履歴書は不要で選考も行いません」との回答があった。

誰でも受け入れてくれる敷居の低さと、受刑歴を気にしていない点が、受刑者視点ではよい雇用者に映るであろうか。答えは「否」である。支援対象者の不安の章の冒頭に書いた「社会に存在する一人の人間として向き合って欲しい」という気持ちから遠く離れた、杜撰な対応と感じられるからである。また、正式な採用面接を受けることは人生初の経験で、ある意味で過去の自分と決別する儀式として採用面接に期待している対象者も多く存在する。採用面接のために矯正施設まで赴くお手数はおかけするが、就労が継続する原動力の一つには「採用面接を通じて採用してもらった」という気持ちも必要であることを、この事例を通じてお伝えしたい。

この原稿を執筆している最中に、全国紙の大きなスペースを使って法務省が出所者の雇用を促進する広告を出していた。雇用に関する奨励金や協力雇用主制度の説明とともに、出所者の雇用を実際に進めている企業、雇用者が講師となった雇用促進セミナーや相談会が全国で開催されることが大きく打ち出されていた。このような大々的な広告が全国紙に打ち出され、セミナーや相談対応をすることが訴求される点を見ても、多くの雇用者が出所者の雇用に関して興味、関心がありつつも大きな不安を抱いていると思料される。また、このような広告や告知を見て、法務省の矯正施設で求人の受付や受刑者の紹介を行っているように誤解されてお問い合わせをいただくケースが増えている。受刑者に対する職業紹介については特別な仕組みがあるわけではなく、求人の登録、求人の紹介は、一般求人、求職と同様公共職業安定所を通して行われている。私の担当してきた矯正施設を管轄する公共職業安定所の担当官は、いずれの方も熱心に対象者の意向や特性に寄り添った求人を複数探して下さった。また、雇用者に対しても、対象者の意欲や意向を正確に伝えて受刑施設内での採用面接を促していただき、雇用者、受刑者双方の不安を少しでも解消することを担っていただいた。このような対象者および雇用者からはまったく見えない部分での配慮や熱意により、受刑期間内の就職活動など成立している。この事実からも、雇用者が求人を登録される管轄公共職業安定所との信頼関係は、応募段階での雇用者の不安を解消する一助になると考える。

話をもとに戻す。そもそも雇用者の不安とはどのようなものであろうか。筆者は雇用者と直接お話しさせていただく機会は採用面接や施設見学にお越しいただいた際に限定されているが、雇用に際しての不安は「仕事を継続する意思、意欲があるのだろうか」という言葉に集約されている。意外に思われるかもしれないが、再犯を懸念する不安はあまり聞いていない。

これは二〇一二年版の犯罪白書においても、就労に関する問題点として「楽な仕事、割の良い仕事を求めるなど職業観に問題がある」「粘り強さや対人関係能力等、資質に問題があり就労を継続できない」の二点が調査から抽出されていることからも、共通した不安と認識できる。しかしそれは、受刑者だから「やる気が見られない」「職業観が欠如している」という先入観ではないのか。これは矯正施設が教育を施すことで解決する問題なのかと強い疑念を持っていた。

このような雇用者の不安や、前述の事例1、2に対する対応について、セントラルエイトと呼ばれるカナダのアンドリューらが提唱した犯罪心理学がヒントになる（内閣府ホームページ　http://www8.cao.go.jp/youth/suisin/pdf/soudan/04/s8-3.pdf#page=1）。

これは犯罪に至るリスク、要因を①行動履歴、②反社会的人格パターン、③反社会的認知、④反社会的仲間関係、⑤家族・婚姻関係の問題状況、⑥学校・職場の問題、⑦余暇活動、⑧物質乱用、の八つの観点から丁寧に当事者の背景を理解する考え方である（第1節も参照）。雇用者が犯罪に至るリスクを採用に役立てる必要性はないので詳細説明は避けるが、前述の「自由奔放な希望職種」や「就労を継続できない」は、⑤の家族・婚姻関係の問題状況が大きく影響していると考える。言い換えれば、家族、親子、夫婦関係を通じた職業観を醸成する機会を失っていたことが、現実的な職種選択ができない大きな理由であり、身近なロールモデルが存在せず、職業観という実感がないなかでの再教育では、雇用者の不安を解消することは不十分と考える。この不安を解消するには、採用面接時に時間をかけて対象者の背景や成育環境を知ることも重要である。雇用者に背景を理解して採用していただくために、二時間程度の長時間面接や複数回の面接にも、筆者は矯正施設内であっても対応している。

5 支援職としての考察

筆者はこれまで矯正施設での支援職という働き方は、矯正施設という特殊性と、受刑者との接点が多いという質量の両面から支援職としての専門性が高まるものと、誤った認識をしていた。大変お恥ずかしい話である。司法領域における会議の席上、ある精神保健福祉士から「司法領域で働く支援職でソーシャルワーカーとして自他共に認められる支援職はいったい何人存在するのだろうか。きわめて少数ではないか。」という、支援職の意識、姿勢を危惧する発言があった。これを聴いたときに、自分が行っている支援はソーシャルワークではないと痛感し、内省が深まった。それは「矯正施設だから外との連携に制約があるのは職制上仕方ない」とみずから言い訳をつくり、そんな姿勢で支援を行なっていたことに気がついたからである。

この気づきから「受刑者支援＝矯正施設」という固定概念を振り払い、矯正施設での勤務は一ヶ所だけに絞り、支援領域の中心を公共職業安定所の精神保健福祉士にシフトした。社会資源がないことや脆弱であることを嘆くのではなく、ないのであれば声を上げて連携し、新たにつくり出す「ソーシャルワーク」を身につけるためである。公共職業安定所での支援領域でも対象者の背景に深く入り込む支援は多く存在し、精神疾患の症状に苦しむなかで触法行為に至り、結果として社会から孤立している支援対象者も少なくない。このような対象者への地域定着支援の一つとして、就労支援を行っている。地域定着支援の醍醐味は待つ姿勢ではなく、こちらから積極的に地域へアウトリーチしていくことである。病院の医師、看護師、メディカルソーシャルワーカー、市役所や社会福祉協議会の社会福祉士、精神保健福祉士、障害者支援機関の相談支援員など様々な職種、役割をもつ方がたとの連携を通じて、ソーシャルワークを実感する日々を送っている。この経験は、閉鎖的思考で行っていた矯正施設での支援スタイルに劇的な質的変化をもたらした。「通達、規程がないから支援が不可能」から「通達、規程がないならできる方法を新たに考える」へと、自分自身の支援スタイルが変わった。これまで求職登録すら不可能と考えて手つかずになっていた障害者手帳を持つ受刑者の就労支援も、公共職業安定所専門援助部門や保護観察所、地域生活定着支援センターを通じて、帰住する地域の相談支援事業所や障害者就業・生活支援センターとの連携にチャレンジしている。就労支援スタッフとして保護観察官と直接つながることもこれまで考えたことはなかったが、一部地域の保護観察所で行われている更生保護就労支援事業も、社会資源として欠かせない存在となりつつある。

これらの経験から、支援職としては「特別視しない、特別扱いしない、特別な仕組み、施策に依存しない」という姿勢が必須だと考えている。また、必要な能力も「ソーシャルワーク」に集約されると確信している。

6　職業観を醸成するということ

残念ながら、この執筆の完成を報告することが叶わずに父は永眠した。職業観に関することを何も言い遺すことなく、寝ずにこの原稿を書いていた私の体調を気遣う言葉だけ残して逝ってしまった。しかし、父が旅立ったあと、デスクに一冊のノートが置かれていた。そこには人事、採用、教育担当として五〇年以上働き続けてきた父の視点から、昨今の人材育成や人材採用の現状を憂い、これに対する意見、具体策が記載されていた。いつもデスクに座って何をしているのかと思っていたが、現役当時にも勝るとも劣らない熱意を誰かに伝えようとしていたことを今になって知った。上司が事なかれ主義により、指導することから逃げて部下を特別扱いするうちに、社会人耐性や社会性まで失って企業の実力が衰退していくのではないかという表記が多く見られた。これは今の受刑者の就労支援にも当てはまる部分があると内省している。

このように父の肉体がこの世から消えても、価値観や職業観は受け継がれていく機会に筆者は恵まれた。職業観や社会性は講義や講話で知識として付与しても、活用する実感まで醸成することは困難であり、身近なロールモデルを見て修得し、醸成されるものだと実感できた。だからこそ、出所者の職業観や社会性の欠如を叱責し教育を施すのだけではなく、修得する機会を失っている支援対象者の背景を理解し、受刑の事実を特別扱いすることなく支援する姿勢が重要である。

最後に、筆者の支援、仕事は連携させていただいている様々な支援職、雇用者に支えられているからこそ実現できていると感謝している。これからもこの本を手に取っていただいた雇用者、支援者とも様々な場面で「つなぎ、つながる」ことを期待しつつ、執筆を終えることとする。

Column ⑥

出所者居酒屋の挑戦

千葉龍一　株式会社生き直し代表取締役・一般社団法人再チャレンジ支援機構就労コーディネーター

出所者支援居酒屋をオープンするまでの道のり

居酒屋で出所者を雇うという発想にいたった経緯

二〇〇二年、新宿歌舞伎町に「日本駆け込み寺」という何でも相談できる民間の施設が開設された。当初は、女性と子どものみを対象とした相談を行っていた。しかし、DV被害者の支援をする際に、男性（加害者）側の支援も必要であり、そこをないがしろにすると結果的にDV被害者が増えていくということを目の当たりにする。そこで、日本駆け込み寺では、男性の相談にものるように舵を切った。そのなかにはいわゆる出所者からの相談もかなりあり、彼らの就労支援も行うようになった。

しかし、建設業に就労した出所者が一日で辞めてしまったり、再犯をしてしまったりする現状に、駆け込み寺代表の玄秀盛が、この問題を何とか打破できないかと考えた結果、居酒屋で就労すれば長続きするのではないかとの想いにいたった。つまり、居酒屋という常に人とかかわる仕事をすることでコミュニケーション能力が向上し、社会に溶け込み、再犯をすることが少なくなるのではないか、と考えたのである。

そのような経緯から、二〇一三年五月に「出所者が働く居酒屋」を開店すべく動きはじめた。

Column ⑥

協力企業の誘致

日本駆け込み寺では居酒屋を独自に経営することは困難だったため、一般社団法人再チャレンジ支援機構（堀田力代表理事）を設立し、「出所者を雇う居酒屋をしませんか」と歌舞伎町の居酒屋五三社に提案した。しかし、話を聞いても構わないという会社はたった三社。出所者を雇っても構わないと回答した会社はたった一社という結果に。

出所者の雇用を断られた会社に話を伺ったところ、「出所者が刃物を持ってお客さんを刺したらどうするんですか」「出所者が暴力をふるったらどうするんですか」等の負のイメージが多く、雇うことはできないとの回答だった。

出所者を雇ってもいいと回答した一社（株式会社セクションエイト）に訪問し、居酒屋をやってみましょうということで、協力・連携することが決まった。

協力企業が見つかったので、地域の保護司会、民生委員、振興組合等に出所者居酒屋の説明をしに伺った。賛成して下さる方、応援して下さる方がたくさんいらっしゃった反面、「居酒屋」というお酒を扱う店舗に対して否定的な意見や、「出所者が人柱になるのではないか」といった懐疑的な意見が多く聞かれた。

「新宿駆け込み餃子」の外観。
日本人だけでなく外国人も、この外観を見て店内に入ってくる。

新宿駆け込み餃子オープンに向けて

オープンまで

協力企業も決まり、地域へのあいさつ回りも終わ

「新宿駆け込み餃子」の店内。
店舗１Fは江戸火消しのイメージ、２Fはお祭りをイメージした作りになっている。

り、あとは店舗の場所を決めるだけという段階になったが、日本初の取り組みのため、なかなか店舗候補地が決まらず四苦八苦する。

そんななか、二〇一五年二月、別の企業から「思いのある人だったら、歌舞伎町の居酒屋を譲っても構わない」とのお話しをいただき、歌舞伎町のど真ん中に店舗を構えることが可能になった。

新宿駆け込み餃子のオープン

玄秀盛のプロデュースにより居酒屋の名前は「新宿駆け込み餃子」に決まった。「食が交わる」と書く餃子。この店で食が交わり、人と人も交われるようにとの願いを込めた。

オープンも二〇一五年四月に決まり、急ピッチで店舗の改装を始めた。

そして二〇一五年四月二四日。ついに「新宿駆け込み餃子」が歌舞伎町にグランドオープンした。

開店当時は三名の出所者が働いており、厨房・ホール等で接客にあたった。最初はなかなかコミュニケーションがとれず接客がうまくいかなくて苦労した部分もあったが、お客さんと話し、従業員同士で話すことにより、徐々にコミュニケーションがとれるようになっていった。

まさに当初想定していたとおり、出所者が居酒屋を通じて社会復帰の第一歩を踏み出した瞬間であった。

オープン当初、「出所者を雇っていることをうたった居酒屋」という物珍しさも相まって、取材等はひっきりなしに

Column ⑥

入っていたが、裏腹に客数は増えず苦しい状況が続いていた。しかし、半年が経つ頃には、地域の方たちも店舗に理解を示してくださり、毎日満席となる繁盛店となった。

オープン後三年が過ぎて

社会の目

出所者に対する負のイメージを変えられるのではないかと感じていたが、実際にはあまり変わっていないような印象を受ける。

協力雇用主の方と話す機会もあるが、「歌舞伎町だからできたのではないか。公表して雇うのは難しい」とのお声をいただくことも多く、社会変革が起こせたとまでは言い難いのではないだろうか。

ただ、店舗を通じて、出所者の就労がいかに難しいか、そして就労先を見つけることができなかった出所者の再犯率が高い現状等を知ってもらうきっかけにはなり、今まで出所者を雇ったことがない企業でも出所者の受け入れをするなど着実に社会の目は変わりつつある。

実績

現在までに二九名の出所者を受け入れている。再犯してしまった人もいるが、駆け込み餃子で一度働いた出所者の再犯率は一割以下であり、一般的な出所者の再犯率が五割程度であることを考えると、再犯率低下に寄与しているのではないかと自負している。

第Ⅱ部

不安を解消するための担い手の役割

第6章

出所者支援における法律家の役割

安田恵美　國學院大学法学部准教授

1　多機関による社会復帰支援

二〇一六年に施行された「再犯防止推進法」、そしてそれにもとづく、二〇一七年公表の「再犯防止推進計画」は、その目的について「犯罪をした者等が、円滑に社会の一員として復帰することができるようにすることで国民が犯罪による被害を受けることを防止し安全で安心して暮らせる社会の実現に寄与するという目的を達成するために、個々の施策の策定・実施や連携に際し、実施者が目指すべき方向・視点を示す[1]」としている。国の政策として、多機関による刑務所出所者等への支援を通して「社会復帰」の実現を推し進めようとする姿勢には注目すべきであろう。

その一方で、この再犯防止計画の公表を一つの契機として、社会の側としても、刑務所出所者等への支援のあり方について改めて考える必要があるように思われる。近時、いわゆる「出口支援」や「入口支援」の実践を通して、「司法と福祉の連携」キャンペーンが展開されてきた。具体的な取り組みは地域ごと、そして関わる「人」や機関によっても多種多様である。しかし、「出口支援」といった場合には、高齢者と障がい者を対象とした、地域生活定着支援センターと保護観察所との連携による環境調整とそれにもとづく支援を、その一方で「入口支援」といった場合には、福祉諸機関・ソーシャルワーカーと弁護士や検察が連携して、主に起訴猶予や執行猶予の獲得に向けた環境調整を想起する人が多いのではなかろうか。

刑務所出所者等が抱えている問題は、一般の高齢者、障がい者、生活困窮者等も抱えるものと大差はない。違いがあるとすれば、それらの問題を解決するための手段が「刑務所拘禁」によって限定されている、という点である。反対に言えば、「刑務所」という外部からシャットアウトされた環境におかれたことにより、情報や人・サービスにアクセスすることが困難であるからこそ、そこに着目した支援が必要である。

本章では、刑務所出所者が抱えている問題を改めて確認したうえで（2）、刑務所在所時から、出所後の一連の流れのなかで一人のクライアントの社会における生活再建を支えるために必要な支援という視点から、法律家の役割について示したい（3）。

2　多くの刑務所出所者等が陥っている「社会的排除状態」

二〇〇九年に開始された地域生活定着支援事業（現在は地域生活定着促進事業）の核となる業務である「特別調整」は、六五歳以上の高齢者および障がい者を対象としている。たしかに、両者ともに「困窮状態」から抜け出す、さらにはその結果として「犯罪をしなくとも生活できる状態」にいたるためには「生活支援」や「福祉サービス」が必要である。

しかしながら、その「困窮」にいたるまでのプロセスや「困窮」の内容・程度は、高齢者と障がい者とは大きく異なる。また、高齢・障がいでなくても生活困窮状態に陥り、そこから犯罪にいたる者もいるだろう。彼らは、なぜ犯罪を繰り返すのか？　ここでは、「傷つきやすさvulnerability」というキーワードに着目して、刑務所出所者等が抱えている「生きづらさ」についてみていこう。

◉「傷つきやすさ」と「社会的排除」

「傷つきやすさ」という概念について、ここでは高齢者を例に示したい。

電車の中で高齢者に席をゆずる光景や、階段で高齢者の手を握りながら補助する光景は珍しいものではない。生活の一つの場面として自然なものであろう。そのような手助けは、「助ける側からみて、『高齢者』は体力が自分よりも弱い」という認識があるからである。

すなわち、「傷つきやすい人」とは、「自立、尊厳、完全性、身体そして、精神が脅威にさらされている」人ということができる（BELMIN 二〇一一）。そのなかで高齢者の「傷つきやすさ」は、高齢化の影響（体力の低下、不安を感じやすくなる等）、病気のリスクの高まり、社会的文脈（労働市場からの引退など）、過去の病歴などのファクターから構成される、複合的なものである（BELMIN 二〇一一）。この「傷つきやすさ」から、「高齢」者において「できること」[2]が減ってくる[3]。自身の「できること」が減ると、一人で生活することが困難になってくるため、日常生活を営むにあたって、医療、福祉そして介護などのサービスや手助けが必要となる。それにもかかわらず、いかなる人や機関に助けを求めたり、彼らからの援助を受けたりすることができない状態をここでは「社会的排除」状態と呼ぶ。この「社会的排除状態」から「住居不定」、「無職」、「経済的困窮」といった具体的な問題が生じている。それらの問題ゆえに社会で生活することが困難となり、転売目的での窃盗、食料品の窃盗、無銭飲食、そして衣食住が確保されている刑務所に入るための犯罪行為へとつながっているものと思われる。

実際、各調査では、「孤立」や「生活困窮」が「犯罪」の要因となっていると指摘されている。二〇一七年一〇月に法務省が公表した「再犯防止推進計画（案）」では、このような社会的排除状態に目を向けて、地方自治体や様々な公的・民間諸機関が当事者の生活環境を整備し、社会に生活基盤を築くための支援を行うとする旨が記載されている。再犯防止は、当事者の社会復帰の一つの結果であり、当事者の「社会復帰」は生活基盤の整備（＝社会参加）がなされてはじめて達成されうるものである。社会参加の実現には、「再犯防止推進計画」が示すとおり、行政や多様な機関の有機的な連携が必要不可欠である。ただし、対人援助は個人のつながりによるところが大きい。それは、安心して生活の支援を受けられるという信頼に重きを置いているからではないだろうか。したがって、社会的排除状態にある者（「社会的被排除者」）と諸機関の有機的な連携を実現するためには、まずは個人と個人のコミュニケーションによる相互理解や信頼の構築から始めることが必要である。

⊙刑務所拘禁による多層的な排除と無力化

個々の特性から生じる「傷つきやすさ」ゆえの社会的排除状態に加えて、「刑務所出所者」は刑務所拘禁という経験に由来する「生きづらさ」も抱えている。この生きづらさについて、「刑務所の中」と「外」のくらしの違いに着目しながらみていこう。

刑務所拘禁によって受刑者が被る不利益として、たとえば、行きたい場所に自由に行くことができない、家族や友人と自由に会うことができない、決められたユニホームを着用しなくてはならない、部屋に外からカギがかけられる、集団で行進して移動する、自由に会話をすることができない、といった点を挙げることができよう。塀の外での生活においては当たり前に行使されている「様々な自由」が塀の中では制限されている。

懲役刑、禁固刑そして拘留といった自由刑は、刑務所拘禁によって「移動の自由」を、懲役刑における刑務作業によって「経済活動の自由」を剝奪・制限することをその内容としている。受刑者は行った「犯罪行為」に対する反作用として、刑務所拘禁による移動の自由や経済活動の自由の剝奪・制限を受けているのである。それゆえ、理論上、刑罰によって剝奪・制限される「自由」は、行った「犯罪行為」に見合うものでなくてはならない、ということになる。しかしながら、実際には受刑者は、刑務所内での生活において「刑罰」として予定されている「移動の自由」や「経済活動の自由（刑務作業が義務づけられているため自由に仕事を選ぶことができない）」以外の不利益を被ることがある。刑法一二条や一三条に定める「自由刑」の内容を超える不利益を、ここでは刑務所拘禁の「弊害」と呼ぶ。

◉刑務所拘禁の弊害と刑務所出所後の生きづらさ

ここでは、刑務所出所者支援の文脈のなかで鍵となる刑務所拘禁の弊害として、社会的排除状態がより強化されるおそれを指摘したい。たとえば、刑務所拘禁中に住民票が職権消除されることがある。刑務所出所当日から、医療、福祉、介護サービスや生活保護を受給するためには、迅速な手続きが必要である。しかし、住民票がなければこれらのサービスの手続きをとることすらできない。そのような制度的な「排除」に加えて、就労や賃貸契約、施設入所の局面において、受け入れの「拒否」による「排除」も起こりうる。ゆえに、刑務所出所者のなかにはもともとおかれていた社会的排除状態に加えて、刑務所拘禁の経験による社会的排除により「二重の排除状態」におかれうる。加えて、刑務所に拘禁されることにより、社会生活を営むにあたって必要な様々な力を失う危険性もある。

まず、刑務所は時計も地図もいらない。一般社会では、計画を立てながら行動することが要請されている。しかし、受刑者は刑務所内で、時計や地図を見ながら生活することはない。行進についていけば、時間どおりに工場や浴場、居室などの目的地に到着する。そのような生活を送るなかで「自分じしんで考えて行動する」力が衰えうる。

次に、自分の気持ちを伝える機会が少ない点が挙げられる。塀の外の生活においては、コミュニケーションがきわめて重要である。SNSなどのツールの発展により、他人とコミュニケーションをとる頻度が高くなり、それによりコミュニケーションスキルの重要性も高まってきている。その一方で、刑務所では他者とのコミュニケーションの機会が圧倒的に少ない。刑務所内での生活において、受刑者同士で好きな時に自由に会話をすることは許されていない。また、刑務官と受刑者との間で対話がなされることもあるが、匿名の「受刑者」と「刑務官」

の対話の情景は塀の外における対話とは大いに異なる（浜井 二〇〇八：二一〇六）。そのような生活は、受刑者のコミュニケーション能力を低下させ、刑務所出所後の生活において思いを伝えることを我慢する、暴れることで自分の怒りや不快感を示す、といった行動につながりうるのである。

◉負のサイクルから脱出するための支援の必要性

社会的排除状態から犯罪をするにいたった者には、刑務所拘禁による「社会的排除」と、塀の中の特殊な生活環境による弊害が加わり、さらに「できること」や行動の選択肢が限定される。[4] それゆえ刑務所から出ても、場合によっては刑務所入所前よりも深刻な社会的排除状態に陥り、衣食住を求めて、あるいは生活の糧を得るために犯罪をするにいたる。すなわち、「社会的排除 ⇕ 犯罪」の負のスパイラルに取り込まれ、自力では抜け出すことが非常に困難である。そこから抜け出すためには、「社会参加」のために向けた対応がなされなくてはならない。社会復帰は、社会参加という土壌の上に成り立つ「主観的なもの」であるといえよう。社会参加と社会復帰を促進するためには、一般的には「居場所（≒居所）」と「出番（≒就労）」が重要となる。しかし、高齢者の場合には、その年齢や体力等から就労の機会は限定され、日常的な医療・福祉・介護ケアを必要とすることもある。それゆえ、その特性に応じた「居場所」と「出番」のあり方を検討しなくてはならない。

◉負のサイクルから抜け出すことの難しさ

現実には、刑務所出所、社会参加、そして社会復帰までの道のりは必ずしも一直線ではない。社会参加を実現するためのサービスが確保されても、社会参加が達成されない場合もあれば、社会参加の状態は形成されても、社会復帰にまでいたらないこともある。高齢出所者のなかには、そもそも支援を拒む者や、脱走や規則違反を繰り返して「福祉に沿わない」と判断される者がいる。しかしながら、それらの出来事をもって「社会復帰できない人々」、「再犯リスクが高い人々」と評価すべきではないだろう。

一見、「失敗」のようにみえる行為も、刑務所出所者本人にとっては意味のあるものであり、その行為が彼・彼女の「社会復帰」に必要不可欠な場合もある。社会から排除される経験を重ねてきた刑務所出所者においては「支援者との対人距離を推し量ることが難しいものや、猜疑心・敵対心から、支援を受け入れる心的準備が整っていない」者が少なくない、との指摘がある（舩山 二〇一七：八）。そのような段階にある者に対する「支援」としての介入は、「時として他人の心に土足で踏み込むようなもの」である。刑務所拘禁経験を通じてコミュニケーションの力を失った高齢出所者たちは、そのことに対する「怒り」や「不満」を、ときに当事者への「反発」のかたちであらわす。出所者の多くは、社会的に排除されてきた経験を持つ。社会からの「排除」という経験を通して、自分の権利や尊厳に対する意識が希薄なものとなっている（笹沼 二〇〇九：一〇四）。「味方」がいない状況で生きてきた彼らにとって、人を信頼するということはたやすいことではない。

⦿クライアントが社会的排除状態から抜け出すための支援を

刑務所出所者等が社会的排除状態から抜け出すためには、「信頼できる人、受け入れてくれる人、その場を立ち去っても、『おかえり』と言って迎えてくれる〝人〟の存在であり、そして何よりも〝地域のチカラ〟」（山田 二〇一七：六〜七）が必要である。いろいろな人・機関とかかわりながら、自分の居場所を形づくっていくことにより、「刑務所での生活」を選択しない状態が継続する。

たしかに、犯罪をして刑事司法の手中におかれた、場合によってはそれを繰り返してきたという事実は変えることができない。しかし、だからといって彼ら／彼女らの意思よりも支援者の選択を重視することや、彼ら／彼女らの行動や生活スタイルに過度に介入すること――それはしばしば支援者の好意でもって行われることもあろう――は適切ではない。彼ら／彼女らにも生き方を選択する権利がある。それを支えるのが周囲の機関・人の役割である。[5]

3 法律家の出番

刑務所出所者等がおかれている負のサイクルを断ち切るためには、大きく分けて二つの方法が考えられよう。一つめは、刑務所の中の生活から外の生活にスムーズに移行するための支援であり、二つめは、刑務所出所後、再犯をしてしまった際に刑務所拘禁を回避するための支援、すなわち「入口支援」である。

塀の中から外の生活へとスムーズに移行するためには、刑務所在所中からクライアントとつながりを持つことが重要である。受刑者が抱えている問題を整理し、解決に向けて調整することにより、早期釈放につながる可能性もある。そこでまずは、受刑者が抱えている問題を見てみよう。

◉受刑者が抱えている法的な諸問題

家族関係の調整

刑務所出所後の生活に際しとりわけ重要なのが、クライアントとその家族の調整であろう。家族との同居の可否は出所後の生活支援の方針に大きく影響を及ぼす。法律家が介入することが望ましいケースとしては、配偶者との関係の調整が必要な場合や、子どもが幼くその養育が問題となる場合が考えられる。[6]

前者の例としては、「犯罪」、「逮捕」や「刑務所拘禁」といった出来事を契機として、配偶者から離婚の申立てがなされるケースがある。とりわけ、拘禁されており、かつクライアント自身が離婚を望まない場合には、離婚の協議に関する手助けが必要になると思われる。クライアント自身が離婚を望む場合にも、塀の外にいる配偶者にコンタクトをとり、協議の機会を確認するための援助が重要となろう。拘禁されている間は、一般の離婚のケースよりも、協議の機会を確保することが困難であるため、子どもの養育や養育費の支払い、そして財産分与といった諸問題についても養育費の支払い等について法律家が介入し、論点を整理することで限られた協議のチャンスを有効活用する必要があろう。

また、とくに薬物犯のケースなど、クライアントとそのパートナーが共犯関係にある場合もある。[7]その場合、拘禁中に離婚するケースもあれば、夫婦になることにより通信が認められることがあるため、拘置所で入籍することもあるようである。婚姻や離婚の手続きに関する手助けも重要であるが、塀の中から外への一貫した支援をするためには、婚姻関係の確認と姓の確認をあらかじめしておく必要があろう。

次いで、子どもの養育については、まずクライアントと子どもの関係について確認をしておく必要がある。具体的には、民法上の親権喪失、親権停止状態、あるいは児童福祉法上二八条にもとづく措置の状況が問題になろう（池田・榊原 二〇一七：二三二）。親権の停止、およびその解除については、家庭裁判所に申し立てをし、決定を受ける必要がある。そのため、未決拘禁や自由刑の執行にともなう拘禁の前後に親権が停止されており、かつ刑務所出所後に親権停止の解除を求める場合には、その手続きに関する情報提供や手続きの援助が重要になる。それとともに、クライアントが一人で子どもを養育している場合には、拘禁中から出所後にいたるまでクライアントの生活状況に応じて養育環境の整備に向けた支援をしていく必要がある。ここで留意すべきなのは、就労によって経済的基盤ができたからといって、養育環境も整ったとは必ずしも言えない、という点である。クライアントが女性の場合、なかには自身が被虐待児であったという経験から子どもへの接し方がわからない、というケースもある(8)。それゆえ、生活環境とクライアントの状況をみながら、親権に関する手続きに関する支援や子どもとの生活に向けた支援を行っていく必要があろう。

債務の確認

受刑者や刑務所出所者のなかには、生活困窮やギャンブル依存といった問題を抱えている者も少なくない。その場合には、債務を抱えていることもある(9)。そこでの債務の状況確認や債務整理に向けた支援も、生活再建のうえできわめて重要になる。刑務所に拘禁されていても、債権者が債務者の居場所を確認することができれば、債務者たる当該受刑者に支払いを求めることは可能である。しかしながら、現実的に自分の資産を自由にコントロールすることが困難な受刑者にとって、支払いの要求に柔軟に対応することは困難であろう。債権者から訴訟を起こされた際(10)には、その対応を行うことが重要となる。債権者の請求が判決によって確定すれば、「受刑している」という事情に関係なく、民法一六六条にもとづき消滅時効となる一〇年間は債権に対して強制執行をかけることができる。また、一度強制執行をしたものの、債権を回収することができない場合には、そこからさらに時効が一〇年間停止となる。そのような場合、刑務所出所者が就労支援を受けて、出所後に就労し賃金を得たとしても、ただちに強制執行をかけられ、生活資金がなくなってしまいかねない。それゆえ、刑務所を出る前の債務整理や債権者との交渉を適切かつ十分な法的知識を有する代理人が行うことはきわめて重要である。また、刑務所出所後ただちに強制執行がかけられそうな場合には、自己破産の手続きも一つの選択肢となりうるだろう。

成年後見

刑務所出所者が高齢者、あるいは障がいを有している場合には、成年後見が問題となることもある。たとえば、相続や災害等の補償金によって刑務所拘禁中に管理すべき財産を得た場合であって、かつ管理をすることができる身寄りがいない場合などが考えられよう。これらの資産は刑務所出所後の生活再建において必要不可欠であり、適正に管理されなくてはならない。そこで、刑務所拘禁中であっても、資産の変動については本人に通知される必要があり、その場合にはあわせて、刑務所で勤務する社会福祉士等を通じて刑務所の外で当該クライアントの資産管理を行う人を確認しておくことが重要であろう。その「確認」作業を通して、もし成年後見制度の利用が望ましい・必要である場合には、クライアントが受刑者であっても、同制度を利用するための手続きを始めることができるような支援体制が必要である。この意味で、クライアント本人のみならず、刑務所で勤務する社会福祉士等も、法律家にスムーズにアクセスすることができるような連携体制を築いておくことが好ましい。

◉自由刑の裁量的執行停止措置に向けた上申

前述のように、刑務所拘禁により受刑者が二重の社会的排除状態におかれ、むしろ社会復帰を困難なものとしている現状に鑑みれば、早期に釈放することがより好ましいといえる。早期釈放制度としては、仮釈放、自由刑の裁量的執行停止、恩赦を挙げることができる。なかでも、近時の受刑者の高齢化にともない、自由刑の裁量的執行停止制度の重要が高まっている。

刑事訴訟法四八二条（以下、刑訴法とする）は、「懲役、禁錮又は拘留の言渡を受けた者について左の事由があるときは、刑の言渡をした裁判所に対応する検察庁の検察官又は刑の言渡を受けた者の現在地を管轄する地方検察庁の検察官の指揮によって執行を停止することができる。1　刑の執行によって、著しく健康を害するとき、又は生命を保つことのできない虞おそれがあるとき、2　年齢七〇年以上であるとき、3　受胎後一五〇日以上であるとき、4　出産後六〇日を経過しないとき、5　刑の執行によって回復することのできない不利益を生ずる虞があるとき、6　祖父母又は父母が年齢七〇年以上又は重病若しくは不具で、他にこれを保護する親族がないとき、7　子又は孫が幼年で、他にこれを保護する親族がないとき、8　その他重大な事由があるとき」と定めている。この四八二条の趣旨は「自由刑の執行により受刑者本人またはその家族に不当な苦痛や不利益を与えるような自由剝奪以外の要素を混入させる重大な自由がある場合に、その刑の執行を停止することにより、執行を純粋に受刑者個人の身体的自由の剝奪に限り、いわゆる『自由刑の純化』を図ることにある」（藤永・他　二〇〇〇：三五六）。実際には、死期が迫っている受刑者に対して、刑事訴訟法四八二条を適用し、家族のもとで死を迎えるために釈放する、といった運用も行われている（高村　二〇〇六：四三）。このような運用を基礎づけているのは、刑訴法四八二条五号あるいは八号であるといえよう。これら二つの条文は、当該受刑者の心身その他の状況が「拘禁と相いれない」状況の場合に[11]、もはや移動の自由を剝奪することをその旨とする「懲役刑」を執行する意味はないことから釈放すべし、拘禁の継続によって、本来刑罰として科されている「移動の自由の剝奪」という不利益を超える苦痛を課すことを回避するために釈放すべし、という二つの趣旨があるように思われる。

しかしながら、実際には適用されているケースについても、上記刑訴法四八二条のうちどの要件を用いて執行を停止しているのかは明らかでない。同条の解釈をめぐる議論も十分にはなされておらず、使いづらい制度となっているのが現状であるといえよう。

当該受刑者の社会復帰にとって、この自由刑の裁量的執行停止という措置は重要な意義を持つと思われる[12]。社会復帰は「生きて」刑務所を出所しない限り実現しえず、かつよりスムーズな社会参加を実現するためには、より健康で自分の身の回りのことをする能力があることが重要となるからである。

自由刑の裁量的執行停止に関する手続きには、法律家がかかわることが可能である。さらに、この手続きが当該受刑者の権利を実現するため「法的手続き」である点にかんがみれば、この手続きにおける法律家の役割はきわめて重要なものとなるといえよう。すなわち、執行事務規定三一条によれば、この措置は、上記四八二条が列挙する条件を満たすと思われる場合に、当該受刑者、その関係者、刑務所長が地方検察庁に上申を行い、検察官がその内容を審査し決定を下す、という流れになっている。

当事者に身寄りがいない、あるいは当事者本人が上申することが困難な場合には、「その関係者」が検察庁に上申をすることとなる。同制度は、受刑者の移動の自由の制限、すなわち、重大な利益に関することであることから、司法手続きではないものの、憲法三一条の適正手続き保障の趣旨に照らして厳格に進められる必要があろう。その意味で、この自由刑の裁量的執行停止に向けた上申は法律家が行うことが好ましい。

⊙もし出所後にまた犯罪をしてしまったら

「和解」の促進

社会的排除状態にある人びとは、コミュニティから孤立していたり、路上で生活していたりすることから「不審者」・「危険な人物」とみられることが少なくない。たとえば万引きなど軽微な犯罪行為をした者に、当該事件の発生場所や警察署に身柄を引き取りに来てくれる家族や支援者がいれば、その場で手続きが打ち切りとなる場合が少なくない。しかしながら、社会的に孤立している人びとが同様の行為をした場合、「再犯の危険性がある」として「警察→検察→裁判所」という刑事司法の手中におかれやすくなっている現状がある。一方で、コミュニティのなかでその人の生活が築かれているケースについては、犯罪行為を行っても、地域や当事者間の問題として処理されている可能性がある（非司法的処理による解決・通報されない・早期の段階で釈放・示談が行われるなど）。

すなわち、犯罪行為を行った者を「犯罪者」として扱うか否かは、当事者とコミュニティの状況に大きくかかわっているといえる。そこで、被社会的排除者と他分野の研究者・実務家・行政担当者・市民らがコミュニケーションを密にとることが重要である。

図６―① コミュニティの包容力と犯罪への対応

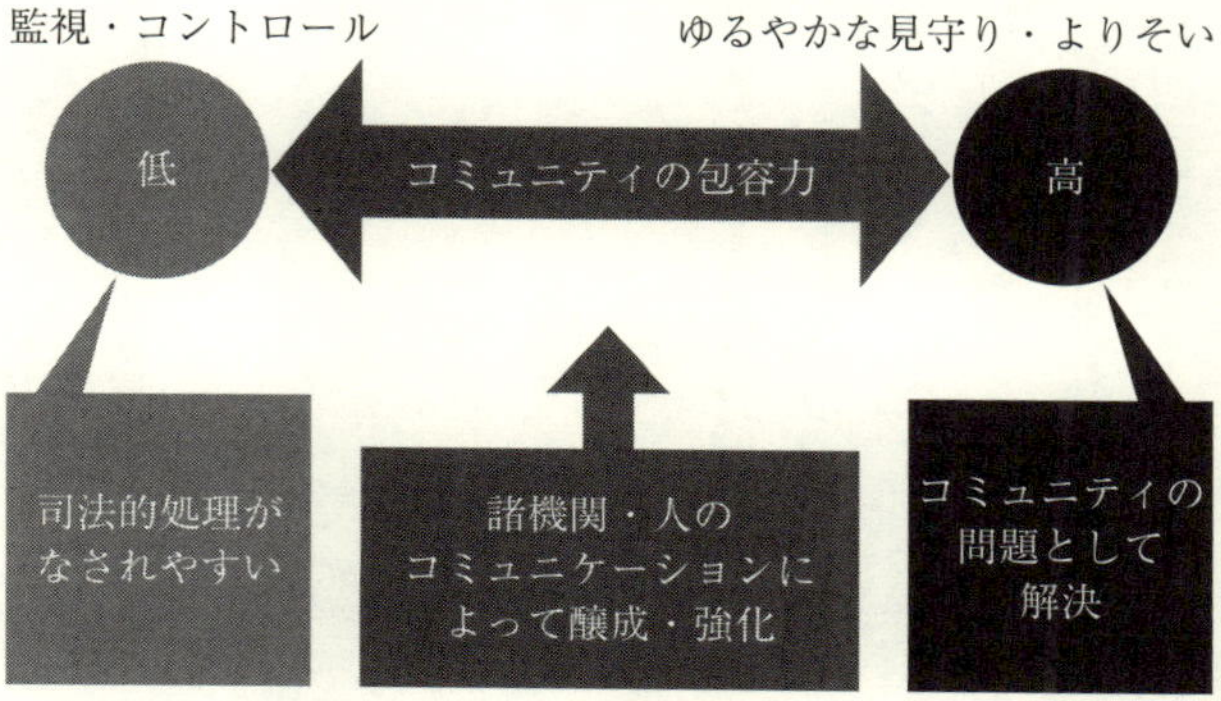

出典：著者作成。

「入口支援」の実施

「社会的排除状態→犯罪→刑務所→社会的排除状態……」という負のスパイラルを断ち切るためには、まずは刑務所拘禁を回避し、クライアントが抱えている諸問題を一つひとつ解決することによって、彼・彼女の「生きづらさ」を改善し、社会に生活基盤を整えていくことが重要である。ここで留意しなくてはならないのは、刑務所出所者特有の「揺れ」のなかで犯罪にいたるケースがある、ということである。前述のように、刑務所から出所したクライアントは、刑務所拘禁の影響等により「揺れている」状況である。出所後に何らかの支援を受けていたとしても、その「揺れ」ゆえに再び犯罪を行うことがある。

そこで、ここで拘禁を回避することが、負のサイクルを断ち切り、彼・彼女の社会参加、そして、その結果としての内心の「社会復帰」を達成するために必要不可欠である。

「入口支援」は、二つの内容に分けることができる。一つは、防御権の実質的保障に向けた支援である[13]。たとえば、精神障がい、知的障がい、そして発達障がい[14]の特性として、誘導されやすい、コミュニケーションが苦手であるといった点があるため、そのような障がい特性を有する被疑者・被告人は防御能力、供述能力、そして訴訟能力が問題となることがある（内田・他 二〇一一：五〇～六一、川上 二〇一三：九八～九九）。そこで、知見における優先的な取り調べの録音録画の試み、その記録媒体の社会福祉士による事後的確認（伊豆丸 二〇一三：一一七）、そして取り調べへの社会福祉士の立会いといった試みがなされつつある。もう一つは、ダイバージョンに向けた支援である。すなわち、起訴猶予や執行猶予に向けた福祉的ニーズを福祉機関や医師がアセスメントし、それに応じた支援を調整することをその内容としている。

近時の「入口支援」の重点は後者のダイバージョンに向けた支援におかれており、そのなかでは司法機関と福祉機関の考え方や目的の違いから諸問題が生じている。入口支援の取り組みは、その実施主体も、内容もかかわるアクターも様々である[15]。その多様性は、支援の個別化という意味では柔軟なものであるが、一方で、重要視される支援の質に格差をもたらしている。

刑訴法二四八条における福祉的ニーズに関わる事柄としては、「年齢」と「境遇」がある。「年齢」に関する事情として考慮されうるのは、「若年であること」、あるいは「高齢であること」であるとされている（藤永・河上・中山編 二〇一〇：二）。しかしながら、量刑の段階で若干議論がなされているように「高齢であること」は「高齢であり福祉的ニーズがより大きい」とダイバートされる方向で考慮される場合と、「高齢で思慮深い存在であるにもかかわらずあえて犯罪を行った」としてより厳しい対応が検討される場合とがあるため、「高齢」という因子が持つ意味について慎重な検討が必要であろう（原田 二〇〇四：九、米山 二〇〇七：一五）。さらに、近時は「六五歳以上の高齢者」であっても生活環境や心身の状況は多種多様である。そのため、「高齢」という因子のみで福祉的ニーズを判断することは難しい。

そこで、「福祉的ニーズ」にかかわる事情としては、「高齢」のみならず、被疑者のより具体的な生活状況を検討する必要があろう。ここで刑訴法二四八条における「境遇」の解釈が問題になる。「入口支援」の取り組みの多様化により「境遇」の解釈が複雑化しているように思われる。そのなかで、「支援の確保」までも刑訴法二四八条でいうところの「境遇」に含む解釈がなされているといえよう。この解釈は従来、「生きづらさ」を抱える被疑者への起訴猶予の運用を消極的なものとする一要因となってきた。この点、入口支援によって起訴猶予が認められたケースには、一時的な宿泊場所が確保された場合でもケース、そしてより継続的な福祉的・医療的対応を調整したケースの両方がある。この曖昧さが、福祉的支援の調整を行う諸機関への過度の負担をかけ、さらに起訴前入口支援における諸問題を生ぜしめている。「支援の確保」を要求する起訴猶予の解釈は、現場にこのような混乱をもたらしているのみならず、理論的にも問題がある。すなわち、「自分のニーズに合った福祉的支援の確保」という被疑者本人の力では解決することのできない問題までも考慮することになり、類似のケースであっても支援を確保することができない場合には起訴され、確保できれば不起訴となってしまう。ここに「アンフェア」が生じているのである。さらに、刑訴法上の理論的にもこのような二四八条解釈には問題がある（後藤・他 二〇一五：六四、三井 一九七〇：四）。刑事政策的目的を起訴猶予の判断基底に大いに入れ込むことにより、検察官の裁量を拡大し、検察段階での取り調べが糺問化するおそれがあるからである。

この刑事政策としての支援の必要性と検察官の裁量の過度の拡大とのジレンマを解決するためには、検察官が起訴猶予処分を決定する際の基準と「支援の確保」は別に考えるべきであろう。したがって、「入口支援」としては、「福祉的支援のニーズの存在・大きさ」、「支援の必要性」に関する医療および福祉の専門的見地にもとづくアセスメントに加え、本人の支援を受けることに対する同意の確認が必要である。そこでは、「継続的な福祉的支援の確保」については判断基底に入れるべきではない。本人の支援を受けることへの同意があり、かつ更生緊急保護の申し出があれば、宿泊場所等を確保するのは保護観察所の役割であり、被疑者側の義務ではない。それゆえ、この枠組みを実際に運用するためには、更生緊急保護を釈放後すぐに申請できるような保護観察所による支援体制や、更生保護施設や自立準備ホームの部屋の確保といった制度設計も必要となる。ただし、これは更生緊急保護のみを利用するという趣旨ではなく、被疑者が支援を望んでいるにもかかわらず帰住先が見つからない場合に、最終手段として更生緊急保護を柔軟に利用すべきとの趣旨である。

4 法律家による一貫した社会復帰支援の実現に向けて

「刑務所」という環境はきわめて特殊である。外部からは容易にアクセスできず、受刑者も塀の外にある情報やサービスにアクセスすることが困難である。しかし、だからといって法的問題を放置しておけば、債務や家族関係などの問題はより複雑化してしまう。

したがって、刑事裁判が確定しても法律家の出番は終わらないのである。受刑者および刑務所出所者は、法的な諸問題を抱えているクライアントである。彼ら・彼女らの社会復帰を実現するためには、それらの法的問題を一つずつ解決していく必要がある。刑務所を出所したその時点から当事者が社会内で生活を築いていくためには、刑務所拘禁中から法的問題へのアプローチに着手することが好ましい。

〔注〕

(1)「再犯防止推進計画」https://www.kantei.go.jp/jp/singi/hanzai/kettei/171215/honbun.pdf, 三頁。

(2) この議論は、アマルティア・センの「ファンクショニング」と「ケーパビリティ」に関する議論をベースとした。本章では、セン(一九九九:五九以下)を参照した。

(3)「ヴァルネラビリティ(傷つきやすさ)」とセンの理論の関係性については、古川(二〇〇八:九八以下)を参照した。

(4) 前掲注(3)参照。

(5) ここでの「周囲の機関・人」とは、必ずしも福祉機関、医療機関、行政機関等生活を営むうえでの具体的な「サービス」を提供するものを意味するのではない。行きつけの喫茶店や総菜屋など、当事者が生活を営むなかでかかわる組織や人という広い意味を想定している。

(6) よりそいネットおおさか「更生保護施設および更生保護施設入所者・退所者の実態に関する調査報告書」(二〇一四年)によれば、各地の更生保護施設や刑務所出所者等の受け入れを行っている諸機関において、法律相談を行っているようである。

(7) 同報告書九九頁。

(8) 前掲注(6)、一〇六頁参照。

(9) 前掲注(6)、九八頁、一〇六頁参照。

(10) 受刑者が刑務所内で、債権者から訴訟を提起されている旨の通知を受けたとしても、実際に出廷するのは困難である。しかしながら、欠席のまま何ら措置を講じないのは、当該受刑者の「裁判を受ける権利」の侵害となりうるだろう。それゆえ、刑務所内から弁護人にアクセスし、自身の代理を依頼するという仕組みを確保することが重要となる。

(11) 大正一三年二月二六日行甲一八五号司法省行刑局長通牒では、到底行刑の目的を達することができないような場合には、同条八号を用いて釈放することとしている。

(12) ただし、自由刑の裁量的執行停止には、以下の問題点を指摘することができる。まず、執行停止期間、当該受刑者の身分は「受刑者」のままであり、制度の名前のとおり「自由刑の執行が停止」される。この点が仮釈放と大きく異なる点である。それゆえ、この措置に付されている間は刑期が満了することはなく、「受刑者」であるがゆえの諸権利の制約を受けるおそれがある(安田恵美「フランスにおける治療を理由とする刑の執行停止制度の改革」罪と罰五五巻一号〔二〇一七年〕八一頁)。もう一点は、同措置に付されている間の対応については、保護観察所による補導援護を受けることができるとされているのみである、という点である。この措置の対象となるのは、実質的には、心身等の状況が自由刑の執行と「相いれない」受刑者である。心身の状況に応じた専門的なケアをいかに確保するかという点が、自由刑の裁量的執行停止制度を活用するうえでの大きな課題となると思われる。

(13) 防御権の実質的保障に向けた議論は、とりわけ知的障がいを有する被疑者・被告人への支援の文脈において展開されてきたが、類似の問題は高齢被疑者・被告人においても生じうる（葛野 二〇一七：二〇以下）。

(14) 発達障がいを有する被疑者における刑事手続き上の問題点については、たとえば古田（二〇一〇：一一〇～一一八）、京（二〇一三：七七～八五）が詳細に指摘している。

(15) 検察主導の「入口支援」とそれによる再犯防止を目的とした「支援」の制度化については、日弁連から反対声明が公表されている（日弁連「検察官による「起訴猶予に伴う再犯防止措置」の法制化に反対する意見書」〔二〇一八年三月一五日〕、https://www.nichibenren.or.jp/activity/document/opinion/year/2018/180315_7.html）。

《参照文献》

アマルティア・セン（一九九九）『不平等の再検討――潜在能力と自由』（岩波書店）五九頁以下。

池田清貴・榊原富士子（二〇一七）『親権と子ども』（岩波新書）二三二頁以下。

伊豆丸剛史（二〇一三）「被疑者・被告人となった触法障がい者・高齢者への支援――『障がい者委員会』（新長崎モデル）を中心として」龍谷大学矯正・保護総合センター研究年報三号、一一七頁。

内田扶喜子・谷村慎介・原田和明・水藤昌彦（二〇一一）『罪を犯した知的障がいのある人の弁護と支援と福祉の協働実践』現代人文社、五〇～六一頁、一〇六～一〇八頁。

川上輝昭（二〇一三）「知的障害者に対する冤罪の現状と課題」名古屋女子大学紀要 家政・自然編、人文・社会編五八号、九八～九九頁。

京　明（二〇一三）『要支援被疑者の供述の自由』（関西学院大学出版会）七七～八五頁。

葛野尋之（二〇一七）「高齢者と刑事手続」法学セミナー六二巻一一号、二〇頁以下。

後藤昭、白取祐司（二〇一五）『新・コンメンタール刑事訴訟法 第二版』（日本評論社）六四頁。

笹沼弘志（二〇〇九）「第八章 犯罪と「社会の保護」――社会的排除と立憲主義の危機を超えて」犯罪社会学会編『犯罪からの社会復帰とソーシャル・インクルージョン』（日本評論社）一四〇頁。

高村佳永子（二〇〇六）「高齢受刑者保護における福祉等関係機関の援助をめぐって」『犯罪と非行』一五〇号、四三頁。

浜井浩一（二〇〇八）『刑務所の風景』（日本評論社）二〇六頁。

原田國男（二〇〇四）『量刑判断の実際』（立花書房）九頁。

藤永幸治他編（二〇〇〇）『大コンメンタール刑事訴訟法　第7巻』（青林書院）三五六頁。

藤永幸治・河上和雄・中山善房編（二〇一〇）『大コンメンタール刑事訴訟法第二版』（青林書院）二頁。

船山健二（二〇一七）「第二章　『支援不信』の受刑者たち」安田恵美・掛川直之編『刑務所出所者の更に生きるチカラ　それを支える地域のチカラ』八頁。

古川孝順（二〇〇八）『社会福祉研究の新地平』（有斐閣）九八頁以下。

古田茂（二〇一〇）「刑事裁判と発達障害」浜井浩一・村井敏邦『発達障害と司法――非行少年の処遇を中心に』（現代人文社）一一〇頁～一二八頁。

三井誠（一九七〇）「検察官の起訴猶予裁量――その歴史的および実証的研究1」四頁。

山田真紀子（二〇一七）「地域生活の定着に向けた取り組み：司法と福祉の架け橋として」ヒューマンライツ＝Human rights　三五二号、六～七頁。

米山明（二〇〇七）「被告人の属性と量刑」判例タイムズ一二二五号、一五頁。
J. BELMIN, Vulnérabilité–Fragilité de la personne âgée, p.2.

Column ⑦

出所者支援における弁護士の役割

山科正太郎　弁護士（関あさくら法律事務所）

あらかじめお断りしておくと、私は出所者支援について専門的に取り組んでいるわけではない。いわゆる「マチ弁」であり、出所者支援に限らず幅広く地域の法律事務を取り扱っている弁護士である。そんな私だが、以前に法テラスの法律事務所に勤務しており、地域生活定着支援センターと連携を図っていたことから、出所者支援に取り組むようになった。以下は、そんな私の経験にもとづく「弁護士の役割」である。

どういう法律相談を受けているのか

私が所属していた法テラスの法律事務所では、地域生活定着支援センターや出所者支援に取り組む他の団体（以下、まとめて「支援団体」という。）と連携しており、支援団体は、法的課題を抱えた出所者（近いうちに出所する予定がある者も含む。以下同じ。）を法律事務所につなげてくれていた。私は、出所者と法律事務所や、ときには刑務所において法律相談を行い、依頼に応じて法律事務を受任していた。たとえば、以下のような事例があった。

事例①
出所後に、クレサラ業者から請求書が届いたとの事例があった。

Column ⑦

最も多かった類型の事例である。出所後に新たな場所で生活し始めたとしても過去の借入残が消えるわけではなく、新たな住所に請求書が届くことになる。請求書は、クレサラ業者ばかりではない。携帯電話会社や逮捕直前まで住んでいた賃貸不動産の大家という場合もあった。

刑務所に入所するにあたり、クレサラ業者との対応、携帯電話の解約、住居の明け渡しなど、これまでの生活環境を整理する必要がある。本人の代わりに手続きを行ってくれる親族等がいればよいが、本人の属性や累犯などの事情から親族等が存在しない場合には、生活環境が整理されないまま刑務所に入所することになる。その結果、出所後に、積み重なった遅延損害金や利用料、違約金等が記された請求書が届くのである。なかには、住居の明け渡しを行っていなかったため、数年間の入所期間中の賃料を一括で請求された事例もあった。

入所期間の長さによっては、法律上の消滅時効期間が経過している場合もある。本事例でも、クレサラ業者に対して消滅時効の援用を通知して解決を図ることができた。

事例②

請求が金銭だけであれば比較的単純であるが、以前の大家から家賃等の請求のほかに住居の明け渡しを求められている事例があった。住居の明け渡しを行うことができないまま刑務所に入所したのである。布団やタンスや冷蔵庫などの生活用品が大量に置かれていた。

本事例では出所者と一緒に大家を訪ね、明け渡しの流れについて調整を行い、大量の生活用品について処分を行った。業者が処分をしていたあいだ、出所者は大量の生活用品のなかから思い出深い物を嬉しそうに持ち帰っていた。生きていくうえで思い出も大事である。

事例③

刑務所に入所するにあたり、銀行通帳等は不要であるとして知人に預けていたところ、入所期間中に振り込まれた年金がすべて引き出されていたという事例があった。

出所者が被害者となった事例であり、この種の類型の事例は意外と珍しくはなかった。その背景には、本人の属性や累犯などの事情から頼ることのできる親族等がいなくなり、頼るとしても端から見ると、頼ることに不安を覚えるような知人等しか残っていないという事情があるのだろう。知人等について、ときには出所者が名前すら知らない場合もあった。

本事例では、知人に対して引き出された年金の返還を求めようとしたが、ついぞ知人の居場所が判明しなかった。そのため警察に被害届を提出し、刑事処分を求めることとなった。

重要なのは出所者との関係づくり

比較的相談の多かった事例を挙げたが、負債、住居の明け渡し、年金の搾取といった問題の法的類型だけをみると、弁護士として特別な知識や経験が求められるわけではない。むしろ、多くの弁護士が日常的にかかわっている法律事務であるように思う。出所者支援に取り組むうえでの難しさは、出所者との関係をどのように築いていくのかという点にある。私とすれば、出所者が何でも相談しやすいような関係をつくることを心がけていた。

日本司法支援センター（法テラス）の法律扶助や日本弁護士連合会の法律援助を利用して出所者の費用負担を軽減し、ときには自宅に出張するなどしてできる限り面談を重ねた。また、支援団体の職員も交えたケース会議を開くこともあり、出所者が相談しやすいような関係づくりを心がけていた。

Column ⑦

奇しくも出所者支援にかかわるようになったが、つくづく出所者は生きづらさを抱えていると思う。障害や疾病等を抱えている、頼ることのできる親族等がおらず孤立している、人との関係を築くことに困難がある、世間から厳しい目で見られている（または思い込んでいる）、などである。

出所者が一人だけで立ち直ることは困難であり、支援団体による支援が欠かせない。少しずつの開催ではあるが、出所者支援に取り組む支援団体等が少しでも増えることを目的に勉強会を二〇一六年七月から始めた。弁護士は国選弁護活動を通して出所者とは古くからかかわってきたのであり、かかわってきた者として出所者支援に取り組む責任があるように思う。

第7章

出所者支援におけるソーシャルワーカーの役割

深谷　裕
北九州市立大学地域戦略研究所准教授

1　ソーシャルワーク実践と不安

出所者支援にかかわっている様々な立場の人々がすべて、自分はソーシャルワーカーだと自認しているわけではないが、社会福祉士や精神保健福祉士等の国家資格を持ち合わせていなくても、実際にはソーシャルワーカーと類似した機能や役割を果たしている場合もある。たとえば協力雇用主や保護司、あるいは家主などのなかには、とてもうまく被支援者との関係づくりをしていたり、被支援者のニーズに即した支援をタイムリーに提供している人がいる。そのような人びとの動きをよく観察すると、ソーシャルワーカーとほぼ同じであることが多いのである。そこで本稿における「ソーシャルワーカー」は、有資格者だけでなく、広くソーシャルワーク的実践を行っている人全般として考えていきたい。

専門職であっても非専門職であっても、他者を支援するうえで不安はつきものである。とはいえ、両者のあいだで不安の多寡やとらえ方に相違があるのもたしかである。ソーシャルワーク専門職と非専門職を本質的に分けているのは、実際は国家資格の有無ではなく、専門的知識や経験の量、そして何より自らが依って立つ価値・倫理・原則の存在である。ソーシャルワーク専門職は、自らの活動の土台となる価値・倫理・原則を内在化しており、このことが他者を支援する際につきまとう不安の多寡やとらえ方に影響を及ぼしている。

ゆえに、ソーシャルワークにおける価値・倫理・原則を念頭に入れることは、時にソーシャルワーカーのような動きを求められる非専門職の人びとにとっては不安を緩和するうえで役に立つだろう。また、ソーシャルワーク専門職（たとえば矯正施設の社会福祉士、保護観察官、地域生活定着支援センターの生活支援員など）と協働するにあたり、彼らがどのような考え方にもとづき支援を行っているかが理解しやすくなると考えられる。

そこで本章では、やや抽象的にはなるが「ソーシャルワークとは何か」という原理・原則に照らしつつ、出所者支援におけるソーシャルワーカーの役割について考えていくことにする。以下で述べていくことは、専門職・非専門職にかかわらず、出所者支援にたずさわる人一人ひとりにふまえておいてほしい視座である。

2　ソーシャルワークとは何か

⦿ソーシャルワークの定義の見直し

一般的にソーシャルワーカーは地域の福祉施設や行政、学校、病院等におり、利用者の相談にのり、福祉、雇用、教育、医療等の各種社会サービスに結びつけることによって、彼らの生活を支援する役割を担っていると考えられているのではないだろうか。このこと自体は間違いではないのだが、前節で述べたように、実際には専門職としての価値と倫理にもとづき、一定の行動指針に沿って活動をしている。その行動指針が近年見直され、新たなソーシャルワークの定義が規定されているので、まずはそのことについて説明しよう。

二〇一四年七月に、国際ソーシャルワーカー連盟（ＩＦＳＷ）総会[1]および国際ソーシャルワーク学校連盟（ＩＡＳＳＷ）総会において、全世界のソーシャルワーカーが行動の指針とすべきソーシャルワークの定義が見直され、「ソーシャルワーク専門職のグローバル定義」（以下、新定義という）が採択された。世界情勢や社会情勢の変化とともに、ソーシャルワークの果たすべき役割も変わってくるということである。

見直し以前の「ソーシャルワークの定義」（二〇〇〇年七月ＩＦＳＷ採択）は、社会福祉専門職団体協議会による「ソーシャルワーカーの倫理綱領」の前文のなかで、日本のソーシャルワーカーの実践の拠り所として位置づけられている。したがって、この「ソーシャルワークの定義」が見直されたということは、すなわち日本におけるソーシャルワーク実践や教育のあり方も、新たな定義にもとづいて行われる必要があるということである。

⦿新たなソーシャルワークの定義

では、新定義はどのようなものなのか。また、旧定義と比較して大きく変わったのはどのようなことなのか。新定義は、定義の部分とその注釈からなる。注釈の部分は、定義に用いられる中核概念を説明したもので、ソーシャルワーク専門職の「中核となる任務」「原則」「知」「実践」について詳述している。「中核となる任務」では、ソーシャルワーカーが果たすべき主たる役割が、「原則」「知」では、その役割を果たすうえでの考え方や視座が、そして「実践」では、中核的な任務を遂行する方法が、それぞれ表現されているようにみえる。以下は、二〇一四年に採択された新定義である。

ソーシャルワークは、社会変革と社会開発、社会的結束、および人々のエンパワメントと解放を促進する、実践にもとづいた専門職であり学問である。社会正義、人権、集団的責任、および多様性尊重の諸原理は、ソーシャルワークの中核をなす。ソーシャルワークの理論、社会科学、人文学、および地域・民族固有の知を基盤として、ソーシャルワークは、生活課題に取り組みウェルビーイングを高めるよう、人びとや様々な構造に働きかける。

この定義は、各国および世界の各地域で展開してもよい(2)。

旧定義からの大きな変更点としては、①マクロな社会変革を強調していること、②多様性が尊重されていること、③西洋中心主義・近代主義への批判から地域や民族固有の知を重視していることが挙げられる。また、集団的責任、社会開発、社会的結束といった概念が取り入れられていることも、旧定義との大きな違いである。

次節では、出所者支援においてソーシャルワーカーがみずからの役割を果たすうえで依って立つ価値観や視座について、この新定義を参考にみていこう。

3　出所者支援におけるソーシャルワーカーの価値観

⊙社会正義と人権

新定義では、社会正義や人権の尊重をソーシャルワークの大原則として掲げている。社会正義とは、「人々の間に不公平がなく、一人ひとりの人の社会からの扱われ方が理にかなったものである」ということである。ソーシャルワーカーの活動の大目標は、このような状態の社会をつくることなのである。

また一方で、ソーシャルワークにおいては、人が人として生まれながらにもっている権利が守られるようはたらきかけ、個々人が価値ある人間として尊重されることをめざす。社会正義を実現するうえで、個々の人権を尊重することは不可欠である。

これらのことは、出所者支援におけるソーシャルワークでも同様である。最終的にめざすところは社会正義と個々の人権の尊重ということになる。過去の犯罪歴にかかわらず、本人のやる気と経験にもとづき雇用の機会が与えられる社会、適当な住まいを確保できる社会、必要な福祉サービスや医療サービスに滞りなくつながる社会、そして地域のなかで孤立せずに暮らせる社会の実現を追求していくということである。

⦿集団的責任

集団的責任は、共同体における責任と言い換えることができるが、要するに、社会のなかで人びとが互いに助け合うことが大切であり、そのための関係性の確立が重要であるということである。

もともと日本は欧米諸国と比べて集団主義的であり、また自然災害発生時に大勢のボランティアが駆けつけることに鑑みると、共同体意識が根強く残っているように思われるかもしれないが、実際は必ずしもそうではない。職場や親戚や近隣住民とのつきあいが部分的、形式的となり、希薄化してきているという調査結果（高橋・荒牧二〇一四：一〜三九）がある一方で、家族を最も重視する意識が年々強まっており、家族への期待が高まっているという指摘がある（統計数理研究所 二〇一五）。また、経済協力開発機構（ＯＥＣＤ）の社会的結束に関する指標では、日本は諸外国と比較して社会的孤立度や若年層の自殺率が高く、人びとの結びつきは確実に弱まっていると言えよう[3]。ソーシャルワークでは、このような状況を問題として認識し、人びとの間に緩やかな結びつきをつくり出すことを重視する。

従来から更生保護の領域においては、保護司や更生保護施設、更生保護女性会、ＢＢＳ会など民間の人びとの協力が不可欠であったが、集団的責任の観点からいえば、今後のはたらきかけの視野は、これらの一部の人びとにとどまらず、地域住民全体に拡大させることになる。地域で起きた犯罪は地域社会全体の責任としてとらえ、より多くの人びとに出所者の立ち直りに関心を払ってもらうことが必要だろう。

⦿多様性の尊重

多様性の尊重もまた、ソーシャルワークにおいて重視される価値観である。グローバリゼーションの進展により、日本にも外国をルーツにもつ人びとが増えてきてはいるが、多民族国家に比較すると依然、日本は多数派の割合が高い。また、LGBTなど性的マイノリティの権利擁護活動が活発化している一方で、日常生活を振り返ると、多様性軽視の例は数限りなく見受けられる。ソーシャルワークでは、多種多様な人びとが差別の対象となり排除されることがないよう批判的意識をもち、構造的・個人的障壁を取り除くことを重視する。

多様性を尊重したアプローチは、問題を個人化する危険性をはらんでいる。一人ひとりの生活ニーズの違いを強調し、既存の社会的枠組みのなかでの問題解決を試みるだけでは、社会構造的障壁を見過ごしかねない。しかしその一方で、障害者、女性、非行少年、出身地等の共通項にもとづき、一般化されたイメージでひと括りに考えるのも間違いである。三島は、「社会的、歴史的に抑圧されてきた多種多様な人々に関する基本的な知識を身につけることは重要であるが、同時に一般化されたイメージを個人に投影してはならない。一般化は、ときに合理的であるが、問題の見落としやさらなる排除にもつながるからだ」と警鐘を鳴らしている（三島 二〇一五：一一～一二）。

たとえば障害のある非行少年や、女性の薬物依存者などいくつかのマイノリティ要因が重なっていることもあるだろう。とくにこのような場合は、複数のマイノリティ要因が複雑に絡み合っている可能性が高く、個別のカテゴリーがもつイメージを機械的に当てはめることはできない。多様性を尊重したソーシャルワークにおいては、個別的経験を重視しつつ、その背後にある複雑な構造的問題にも目を向けることが求められる。

ここまで、出所者支援に取り組むソーシャルワーカーが依って立つ価値観・視座として、「社会正義と人権」「集団的責任」「多様性の尊重」について述べてきた。ソーシャルワーカーはこれらの価値観にもとづき、自らの役割を果たしていくことになる。次節では、その役割についてみていこう。

4　出所者支援におけるソーシャルワーカーの役割①——社会を変える役割

⊙社会変革を促進する役割

新定義にもとづけば、まずソーシャルワーカーには、人びとのウェルビーイング（wellbeing）を高めるために、社会変革・社会開発・社会的結束を促進する役割がある。ウェルビーイングは、一九四六年に世界保健機構（WHO）が健康の定義をした際に、「良好な状態」「満たされた状態」を意味する概念として用いられた文言である。ただし、何がその人にとってのウェルビーイングであるかは、個人の価値観と強く結びつくものでもあるため、ソーシャルワーカーは、個々人のウェルビーイングを認識する必要がある。

不平等、差別、搾取、抑圧、周縁化、社会的排除等をもたらすような構造的な条件を見過ごし、放置したならば、人びとのウェルビーイングの実現が阻まれ続けることになる。したがって、ソーシャルワーカーには、社会構造に批判的な意識を持ちながら、抑圧的な権力や不正義をもたらす構造的原因と対決・挑戦し、「社会変革」を促進する役割が求められている。

出所者支援にたずさわるソーシャルワーカーにとっても、彼らのウェルビーイングを高めるために、社会変革を促進することが重要な役割となる。周知のとおり、出所者に対する社会の眼差しは厳しく、彼らが自力で出所後に適切な住まいや仕事を確保し、暴力とは無縁の環境のなかで、周囲の人びとに受け入れられながら、安定した地域生活を営めるようにしていくのは容易ではない。障害があったり高齢である場合はさらに難しく、たとえ再犯に至らなかったとしても、地域社会のなかで孤立した状態に陥ることが推測される。このような背景には個人的要因もあるが、出所者に対する地域社会の偏見や排除の傾向、罪を犯した障害者や高齢者あるいは女性に対する支援の不十分さといった社会的要因が大きく影響している。出所者らにかかわる人は、彼らの社会復帰を阻むような構造的要因に気づき、挑戦していく役割が求められるのである。

罪を犯す要因は多様ではあるが、社会が犯罪をつくりだすという側面もある。彼らの生育歴をみると、不健全な家庭環境であったり、貧困や障害のために適切な教育を受けられていなかったり、不安定な雇用状況にあることが多い。出所者支援において社会を変革するということは、誰もが罪を犯さなくても生きていける社会をつくることなのである。

⦿マクロな役割が強調されている背景

社会変革と並び挙げられているのが「社会開発」の促進である。すなわち、持続可能な発展をめざして、労働、居住、教育、医療等を含む総合的な政策的枠組みに対して、行動戦略を立てつつ取り組むことが求められているのである。これは経済開発を第一に押し進める発展途上国の国々からの問題提起である。そもそも新定義においてソーシャルワーカーのマクロな役割が強調されている背景には、深刻な経済格差や圧倒的な貧困に直面している発展途上の国々で活躍するソーシャルワーカーたちの切なる願いがある。

一方、現在の日本社会は、高度な科学技術を有し、めざましい経済発展を遂げており[4]、子ども食堂の展開や、ネットカフェ難民に象徴されるように貧困対策の必要性があるとはいえ、発展途上国の国々とは問題の規模が異なっている。また、社会保障制度や地域の社会資源という点でも、世界のなかでは充実した国の一つといえる。このように異なった背景をもつ日本において、社会を変革するとはどのような意味をもつのだろうか。

◉社会変革につながる個・家族・小集団への介入

新定義においては「社会変革の任務は、個人・家族・小集団・共同体・社会のどのレベルであれ、現状が変革と開発を必要とするとみなされる時、ソーシャルワークが介入することを前提としている」とある。つまり、たとえ個人や家族に対する介入であったとしても、その介入抜きで社会変革は成り立たないということである。

社会変革と聞くと、デモや署名活動のような大規模なソーシャル・アクションを思い浮かべるかもしれない。また、目の前にいる対象者にどのように接するか、どう支援するかに忙殺され、社会という大きな枠組みで問題を考えることに困難を感じるかもしれない。しかし、個人・家族・小集団といったどのレベルであっても、変革の必要性をソーシャルワーカーが認識し介入することは、自らの役割を果たすうえでの条件である。その役割を果たしていく延長上に、共同体や社会レベルの社会変革も起きてくると考えるべきであろう（松山 二〇一五：一二三～一三六）。

すなわち、出所者への偏見を除去するための地域住民に対する啓発活動や世論の喚起、社会資源開発のための陳情や請願といった、共同体や社会レベルにおける社会変革に向けた直接的な活動と同様に、個々の出所者やその家族等への介入もまた、間接的には誰もが生きやすい社会に向けた変革につながるのである。

◉社会的結束を促進する役割

新定義では、不利な立場にある人びとと連帯しつつ、社会的包摂と社会的結束を促進すべく努力する任務についても言及している。ここで意味する社会的結束とは、前節で論じた集団的責任の概念とも関係するが、共同体のなかで互恵的な関係を確立すること、人びとがお互いのウェルビーイングに責任をもち、人びとと環境との間の相互依存を認識し尊重するということであり、多様性や人権の尊重とともにある概念である。

前節で論じたような日本における社会的孤立度の深刻化や若年層の高い自殺率といった問題は、煩わしい人間関係を避けて自由を手に入れたいという意識が、人びとのあいだで共有されてきた帰結ともいえよう。私たちは自由を手に入れた代わりに、様々なリスクを自己責任という名のもとに、自分一人で引き受けなければならなくなっている。しかし、すべての人がリスクを管理し対処するだけの力を持ち合わせているわけではない。家族間での支え合いを期待できない場合のことを考えると、本来は友人、同僚、親戚、近隣住民等と多元的な人間関係が築かれていることが望ましい。

出所者の多くはかつての同僚や近隣住民は言うまでもなく、家族からも見放されていたり、家族そのものが崩壊していることが多い。そのため、しばしば居場所を求めて自分を受け入れてくれる不健全な交友関係に逆戻りすることになる。出所者支援において社会的結束を促進するということは、具体的には彼らを受容し理解してくれる協力雇用主や福祉施設、依存症者の回復グループ等の社会資源を増やしていくことがまず考えられる。また、更生保護関係者だけでなく地域住民とも出所者が直面している課題を共有し、日常レベルでの協力を求めることも含まれよう。あるいは出所者自身が地域の一員として地域に貢献する機会をつくりだすことなどもあるだろう。

出所者支援における社会的結束の促進は、これらのことを通して、多様な地域住民と専門職と当事者が協働するるコミュニティを形成することにより、安心して生活できる健全な居場所を誰もが確保しやすくすることと言い換えることができよう。

5 出所者支援におけるソーシャルワーカーの役割②——エンパワメントと解放

⦿エンパワメントと解放

人びとのエンパワメントと解放もまた、ソーシャルワーカーの中核となる任務である。エンパワメントは、不利な立場にある人自身が、問題解決に必要な知識やスキルを習得できるよう支援することである。エンパワメント実践においては、性別や年齢、障害の有無、収入等により生じている格差とそれをもたらしている社会構造を批判的にとらえ、行動戦略を立てて問題解決に取り組むことが不可欠である。

さらに、新定義では「ソーシャルワークは、できる限り『人々のために』ではなく、『人々とともに』働くという考え方をとる」とし、当事者参加の重要性を説いている。当事者の力を重視し、主役はあくまで当事者ということである。ソーシャルワークの介入対象が小集団や共同体レベルにも及ぶことに鑑みれば、ここでいう「当事者」には、個人や家族だけでなく地域住民や事業所等も含まれるだろう。一方、ソーシャルワーカーには当事者とともに課題解決に取り組む媒介者、あるいはファシリテーターとしての役割が求められることになる。

⦿エンパワメントに必要な対話的関係性

その際に注意したいのは当事者との関係性である。新定義に「多くのソーシャルワーク研究と理論は、サービス利用者との双方向性のある対話的過程を通して共同で作り上げられてきたもの」とあるように、ソーシャルワークにおけるエンパワメントは、本人の意思を問わない介入や干渉といった、いわゆるパターナリズム（父権主義）

にもとづく関係性ではなく、対象者との対話的関係性を通して可能になると考えられている。

出所者のなかには幼少期から怒鳴られる、殴られる、無視されるといった排除や抑圧の経験を積み重ねてきた人も少なくない。また、彼らの意思や希望が尊重されるという経験もあまりしてきていない。そのため、自ら考えることを放棄し、依存的であったり自暴自棄になっていることもあるだろう。その際、支援者が上からの目線でかかわれば、彼らは以前の思考パターンや関係性のパターンを繰り返すことになる。また、彼らの人間性や主体性を蔑ろにすることにもつながり、基本的人権を侵害する可能性もある。同じ目線でかかわることにより、彼らから気づかされることも少なくない。様々な知識を共有し、生活課題の解決に向けて人びとと対話を積み重ねていくことが、やがては彼らを無力状態や、孤立状態、諦めや沈黙から解放することに結びつくことになるだろう。

また、出所者にかかわる様々な人びとに対するエンパワメントも重要である。知識や情報の共有のみならず、彼らの意向や認識に耳を傾け、同じ目線で協働関係を築いていく必要がある。

6　出所者支援におけるソーシャルワーカーの実践

前節では、新定義に照らして出所者支援におけるソーシャルワーカーの役割について述べてきた。新定義においては共同体や社会を変革していく、いわゆるマクロな役割が強調されている。しかしそれは、デモや署名活動のようなソーシャル・アクションによってだけでなく、個人や家族、小集団に対するエンパワメントによっても達成されるものと考えられている。つまり、個別相談やグループワークといったソーシャルワーカーのミクロやメゾな取り組みも社会を変えるうえで、同じように重要ということである。

以下では、出所者支援におけるソーシャルワーク実践に焦点を当ててみていきたい。新定義では実践について、「ソーシャルワークの実践は、さまざまな形のセラピーやカウンセリング・グループワーク・コミュニティワーク、政策立案や分析、アドボカシーや政治的介入など、広範囲に及ぶ」と説明している。**図7―①**は、ソーシャルワーク実践において用いられる活動と範囲を示している（福島二〇一五：三三）。出所者支援で用いられる手法も、基本的にはこの図に沿ったものとなる。

図７―①　ソーシャルワークの介入で活用する活動と範囲

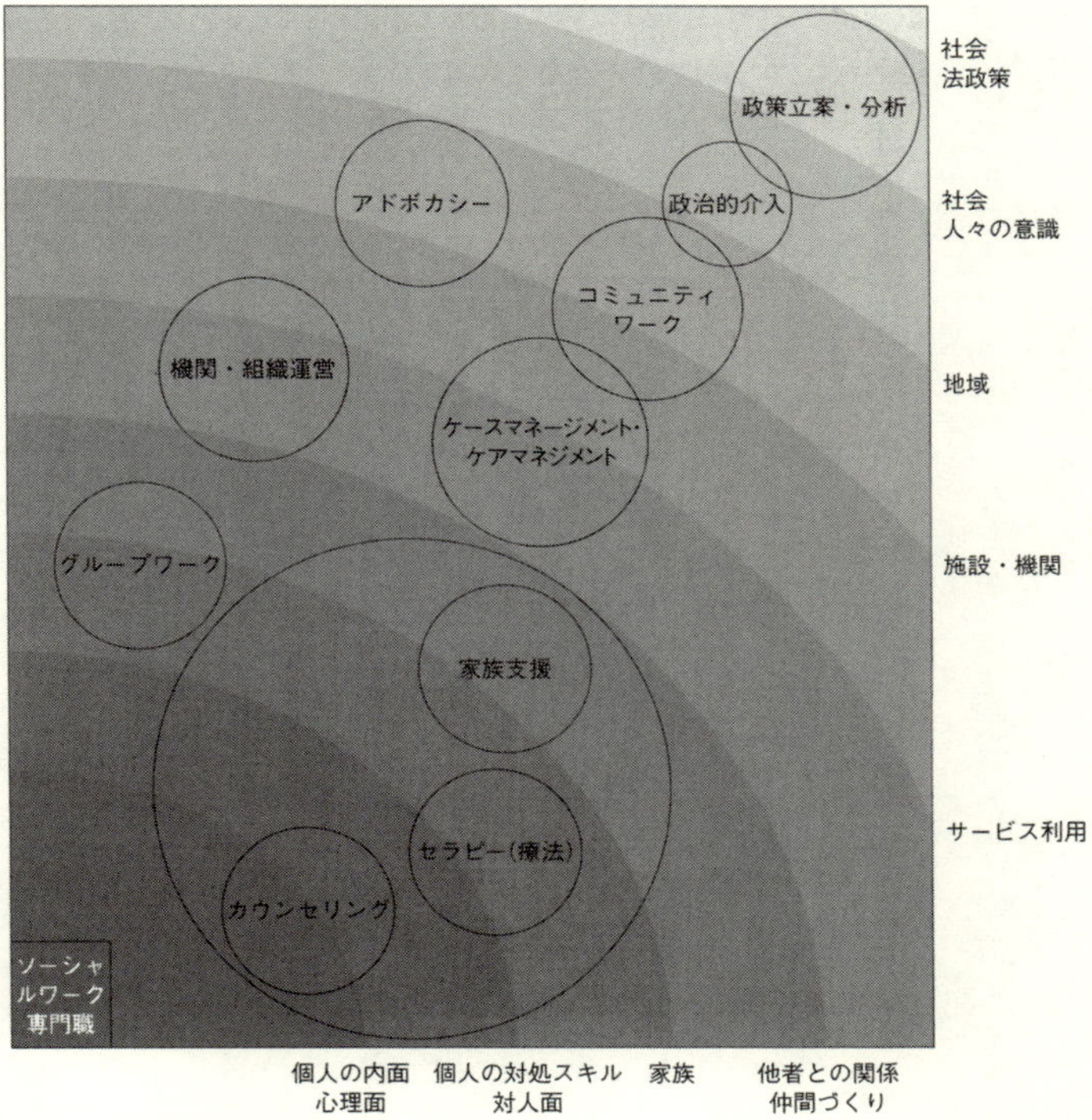

出典：福島（2015：33）。

⦿生活課題への対応

新定義にもとづけば、ソーシャルワーク実践の内容は、①人びとが主体的に自らの生活課題に取り組みウェルビーイングを高められるよう人びとにかかわることと、②ウェルビーイングを高めるための変革に向けて人びととともに様々な構造にはたらきかけることである。繰り返すが、ソーシャルワーカーが人びとの生活課題を解決するのではなく、課題解決の主体はあくまで本人であり、ソーシャルワーカーは伴走者の役割を担っているということを忘れてはならない。

したがって、出所者支援にかかわるソーシャルワーカーは、彼らが地域で生活するにあたり直面する様々な生活課題を主体的に解決できるよう、一緒に方法を考えたり、必要な情報や知識を提供したり、必要な社会資源と結びつけること等を通してエンパワメントしていくことになる。

生活課題は、住まいや衣類、食事、金銭等の物理的な課題から、疾患や痛み等の生理的・身体的課題、不安や怒り、性格傾向等の心理的課題、就職や就学、居場所、家族関係をはじめとする人間関係等の社会的課題など多岐にわたる。長期受刑のため刑務所での特殊な生活習慣に慣れてしまっている人や、障害があったり高齢で判断能力が低下している人等は、主体的に問題を解決していく力が弱くなっていると推測される。また、彼らの場合は家族や親族から見放されていることも多いため、身内の支援を期待することが難しく、結果的に出所後の課題が多くなることが推測される。逆に言えば、とくにこれらの人びとに対する支援において、ソーシャルワーカーが問題解決の主役になっている可能性が高く、注意が必要ということになる。

⦿人と環境が相互作用する接点へのはたらきかけ

ソーシャルワーカーは、人びとがその環境と相互作用する接点にはたらきかける。人びとにとって、最も身近で相互作用するのは家族である。したがって、本人と家族との関係性に必要に応じてはたらきかけを行っていくことになる。また、職場や学校、通所または入所先の事業所とも相互作用しているので、これらの機関や事業所との関係性にもはたらきかけを行う必要があるかもしれない。具体的には、たとえば職場であれば勤務条件や仕事内容の調整、福祉事業所であればサービスの利用方法や内容などの調整が挙げられよう。さらに、家主や民生委員など地域コミュニティとの接点へのはたらきかけが行われることもあるだろう。ソーシャルワーカーは本人と家族や事業所・組織等がうまく相互作用できるよう、両者の間を調整する役割を担っている。したがって、本人だけでなく、本人と相互作用する相手もまた支援対象としてとらえることができよう。

出所者は家族がいる場合であっても、関係性が悪化していることが少なくない。本人と家族双方の意向を尊重しつつ、また既存の家族像にとらわれることなく、丁寧な調整を進めていくことが望ましい。出所者支援の場合、法律関係者や医療関係者のような多様な専門職との接点に介入することが必要なこともある。さらに、出所者の就労支援においては、雇用主との関係調整が生じてくる（第5章参照）。前科を開示して就労した場合とそうでない場合では、必要な介入も異なると考えられる。また、協力雇用主としての経験が浅いところと、すでに複数の出所者を受け入れ経験値の高い協力雇用主では、同じ協力雇用主であってもニーズに相違がある。このことは、高齢や障害のある出所者を支援する福祉事業所についても同じことが言える。出所者の個別性もさることながら、雇用主や事業所の個別性も尊重したかかわりを意識することが大切である。

⊙仲間を増やしていく

以上でみてきたように、新定義ではソーシャルワークのマクロな役割が強調されており、個人や家族へのミクロな取り組みも、その延長上には社会変革につながるとされている。日々の個別的かかわりが、やがては社会変革につながっていくという実感は実際には得にくいかもしれない。しかし、その鍵は、実は人と環境が相互作用する接点へのはたらきかけを通して「仲間を増やしていく」ということにある。専門職・非専門職にかかわらず、出所者支援に不安はつきものであるということはすでに述べたとおりであるが、出所者自身もまた強い不安を抱えている。その不安を一人で抱え込まずに、出所者、支援者、関係者が皆で共有できるよう密なコミュニケーションを心がけ、皆で対策を考えリスクに立ち向かっていくことが大切なのである。この意味では、出所者だけでなく出所者支援にかかわる人びともまた孤立状況に陥らないよう、複数の人びとと連携しつつ仲間を増やすことを強く意識しなければなるまい。

出所者支援はまだ歴史が浅いため、どのような立場の人とどのように連携する必要があるのか、その方法や内容もまだ模索段階にある。出所者支援は同じ福祉領域でも障害者、高齢者、児童、母子・父子、低所得者等、異なる制度枠組みにもとづく多様な福祉分野との連携が不可欠になるが、このことはいわゆる「縦割り」の弊害が生じやすくなることを示している。また、雇用・就労、保健・医療、住宅保障、所得保障、教育・学習、まちづくり等、異なる社会サービス領域との連携も求められるが、出所者支援に必要な支援や、お互いの役割について各サービス主体が十分把握しているとは限らない（第4章、第5章参照）。さらに、法律家や企業などは、異なる理論体系にもとづいていることもあり、様々な人びととの連携に不慣れな人もいるだろう（第1章参照）。出所者支援における連携をうまく進めるためには、ソーシャルワーカーは、社会福祉の知識だけでなく、コミュニティ開発、法学、精神医学、心理学等、他の諸科学の理論や知識もある程度は獲得しておく必要がある。また、他機関の基本的役割や文化などもふまえておかなければなるまい。

これらのことが示すように、出所者支援における連携のハードルは決して低いとは言えず、簡単に仲間が増えていくわけではない。しかし、それでもやはり複数の事例を積み重ね、多くの人びとを出所者支援のネットワークに巻き込んでいく努力を粘り強く続ける必要があるのである。

〔注〕

（1）国際ソーシャルワーカー連盟（ＩＦＳＷ）は、ソーシャルワーカーの国際組織。世界各国の一〇〇万人を超すソーシャルワーカーを代表して、一一六余の各国組織が加盟している。加盟資格は、一つの国で一組織であるが、日本では「社会福祉専門職団体協議会」を調整団体として、日本ソーシャルワーカー協会、日本社会福祉士会、日本医療社会事業協会および日本精神保健福祉士協会の四団体が加盟している。

（2）各国および世界の各地域は、このグローバル定義を継承したうえで、それぞれのおかれた社会的・政治的・文化的状況に応じた独自の定義を作ることができることとなったため、社会福祉専門職団体協議会は二〇一六に「日本における展開」を作成している。

（3）「社会的結束」には次のような指標が取り上げられている。主観的福祉、社会的孤立、団体加入、一〇歳台の出産、麻薬の使用および関連する死亡、自殺。

（4）「ソーシャルワーク専門職のグローバル定義の日本における展開」参照。

《参照文献》

高橋幸市・荒牧　央（二〇一四）「日本人の意識・四〇年の軌跡(1)～第九回「日本人の意識」調査から～」『放送研究と調査』一～三九頁。

統計数理研究所（二〇一五）「日本人の国民性第一三次全国調査の結果のポイント」（平成二六年一〇月三〇日）http://www.ism.ac.jp/kokuminsei/resources/KS13print.pdf（最終閲覧日：二〇一八年二月四日）。

福島喜代子（二〇一五）「第2章　相談援助の定義と構成要素」社会福祉士養成講座編集委員会編『新・社会福祉士養成講座6　相談援助の基盤と専門職』中央法規、三三頁。

松山　真（二〇一五）「ＩＦＳＷソーシャルワーク定義にみる世界情勢」『立教大学コミュニティ福祉研究所紀要』第三号、一二三～一三六頁。

三島亜紀子（二〇一五）「ソーシャルワークのグローバル定義における多様性（ダイバーシティ）の尊重――日本の社会福祉教育への「隠れたカリキュラム」視点導入の意義――」『ソーシャルワーク学会誌』三〇、一～一二頁。

「地域で暮らす」を支えるネットワーク

八尾有里子　相談支援事業生活支援センターあいん所長

支援の内容

私が勤務する「生活支援センターあいん」は、東大阪市という大阪府東部に位置する人口約五〇万人の中核市に設置された障害児者の相談窓口である。

東大阪市は政令指定都市ではないため行政区画（区）はなく、代わりに七地域（七リージョン）に分けて行政サービス窓口と市民プラザを併設した施設を各地域に設置し、地域の特性を活かしながら協働するまちづくりを推進している。

障害児者の相談窓口も同様に地域別に市内七ヶ所に設置されており、「生活支援センターあいん」は二〇〇六年より市の委託を受け、地域で暮らす障害児者の相談窓口として活動している。

支援内容としては、知的、身体、精神、難病等の障害児者とその家族に対して福祉サービス利用に関する相談や専門機関との連携、地域にある社会資源の紹介や利用の提案などが多いが、近年は当事者家族以外の様々な機関から深刻な引きこもりや家族単位の困難ケースへの介入、転居や医療機関からの退院、刑務所からの出所支援等の帰住先に関する相談も増えている。

今回紹介するAさんは、生活支援センターあいんに福祉サービス事業の担当者から相談を受けて支援を開始したケースである。

Column ⑧

相談ケース

万引きの常習化

Aさんは他市で様々なトラブルを起こし生活が継続できなくなり、医療機関のソーシャルワーカーを通じて東大阪市に転居してきた。しかし、東大阪市でも同様のトラブルを起こしてしまい、そこから万引き行為を繰り返すようになり、刑事罰の罰金が払えず労役留置となった。労役が終了し、自宅に戻ったあとも生活面での立て直しができずに万引き行為を繰り返し、二度目の労役が決定したときに生活支援担当者より「これ以上Aさんを支えられない」という相談が入った。

担当者から相談を受けた際、まず本人に相談する意思があるかを確認をした。支援者発信の相談は本人の意思とは関係なく「支援者が困っている」という主訴が強く、本人が相談支援の介入に不快感を示されることもある。本人を置き去りにした相談は継続が難しいことを伝え、本人中心で進めることをまず確認した。

Aさんの場合、二度目の労役終了後は生活支援を受けられない、つまり衣食住で困るという危機感をもっていたため支援センターへの来所相談も承諾され、一回目の面談はすぐに実施することができた。

コミュニケーション力への過大評価

面談のなかでわかったことは、Aさんには過去複数の支援機関がかかわっていたが、機関どうしがつながることなくそれぞれで問題が起き、支援を終了していたということだった。そこでAさんの了解を得て名前が挙がった支援機関に連絡し、いつからどのような支援をしていたのかを確認した。

事業所への聞き取りでわかったことは、言葉数が少なく会話が続かないAさんの理解力やコミュニケーション力への過大評価だった。支援につながらず離転職と転居を繰り返していた頃、「わかったふり」をすることでその場をやり過ごし、住み込みの仕事をしていたようで、支援につながったあとも比較的従順で指示が通る人だと思われていたのではないかという推測が立った。

一方で、本人が突然他事業所に移ると言って支援が切れてしまったが、アセスメント（評価）が適切に行えており、支援や環境が整えば万引きに至らないという見立てをしていた事業所もあった。その事業所に再度支援が可能かを確認したところ了承が得られたので、Aさんとの二回目の面談を実施し、本人に東大阪市での暮らしの継続かまたは他市で新たな暮らしを希望しているのか今後の希望を確認したうえで、東大阪市での生活を希望している場合、労役終了後に「小遣いの保証」と「住まいの保証」をAさんの協力があればできるということを簡潔な言葉で提案した。

結果、Aさんは「東大阪市で暮らす」ことを選択し、労役後の生活が保障される現在の暮らしを継続するための医療機関への受診や日中活動のつなぎ直し、労役中に条件付き（大切な物には絶対に触れない）で自宅を清掃することなども了承され、関係者が集まる話し合いにも短時間であれば拒否なく参加した。話し合いのなかで決定した内容は書面で簡潔に記載したものを残すなど、Aさんのことは Aさん抜きで決めないということを徹底した。

また、今までわからないことで放置してきた手続きなどは、わからないということを会議で共有するのではなく、「自宅のポストに封書が届いたら、まず事業所に持って行く」という方法を提案し、「万引き行為をしない」と約束するのではなく、「むしゃくしゃした時はコンビニに近寄らない」と伝え、空腹が極限に達しないようできるだけ不規則にならない生活サイクルを日中事業所から提案した。また、好きなタバコや缶コーヒーが自由に吸えない・飲めない生活はAさん自身が望んでいないということも確認した。

二回目の労役留置当日は、過去の経緯から一人では不安で遁走してしまう可能性もあったため支援者と一緒に出頭し、無事刑期を終えることができた。

一変した生活

労役を終えて帰ってきたAさんの生活は一変した。部屋が片づき自炊できる環境になったことで空腹になると米を炊き、困ったとき（自分に不都合なことが起きたとき）に「なんとかならないか?」と相談するようになり、「こんなものが届いた」と書類を持参し、手続きのための同行や代行支援もみずから受けるようになった。支援する人や機関がつながることで地域のなかで彼を見かける人が増え、Aさんを見守る環境も整っていった。

本人の苦手な部分だけをサポートし、それ以外は必要以上に介入しないという緩やかな見守りのなかで生活も安定し、Aさんは現在も再犯のない生活をおくっている。

様々な理由で生き辛さを抱えている人は年々増加しており、相談窓口に訪れる相談者はあとを絶たない。だからこそ一ヶ所で支えるのではなく生きたネットワークをつくり、つながりながら共に成長していくことで、地域力が高まっていくのではないかと感じている。

著者紹介（掲載順／＊は編著者）

我藤　諭（がとう　さとし）　龍谷大学矯正・保護総合センター嘱託研究員

山田真紀子（やまだ　まきこ）　大阪府地域生活定着支援センター所長

＊掛川　直之（かけがわ　なおゆき）　日本学術振興会特別研究員（ＰＤ）大阪市立大学都市研究プラザ

福西　毅（ふくにし　つよし）　大阪保護観察所統括保護観察官

橋本　恵一（はしもと　けいいち）　ＮＰＯ法人ささしまサポートセンター事務局次長

有田　朗（ありた　あきら）　一般社団法人アルファリンク代表理事・ＮＰＯ法人ぎふＮＰＯセンター理事

飯田　智子（いいだ　ともこ）　ＮＰＯ法人静岡司法福祉ネット明日の空代表理事

河合　由香（かわい　ゆか）　名古屋刑務所福祉専門官

堀田　紀子（ほりた　のりこ）　岡崎医療刑務所福祉専門官

喜多見達人（きたみ　たつと）　精神保健福祉士・キャリアコンサルタント

千葉　龍一（ちば　りゅういち）　株式会社生き直し代表取締役・一般社団法人再チャレンジ支援機構就労コーディネーター

安田　恵美（やすだ　めぐみ）　國學院大学法学部准教授

山科正太郎（やましな　しょうたろう）　岐阜県弁護士会［関あさくら法律事務所］

深谷　裕（ふかや　ひろい）　北九州市立大学地域戦略研究所准教授

八尾有里子（やお　ゆりこ）　相談支援事業生活支援センターあいん所長

不安解消！ 出所者支援
——わたしたちにできること

2018年10月1日 初版第1刷発行

編　者　掛川直之
著　者　我藤　諭・山田真紀子・掛川直之・福西　毅・橋本恵一
有田　朗・飯田智子・河合由香・堀田紀子・喜多見達人
千葉龍一・安田恵美・山科正太郎・深谷　裕・八尾有里子
装　丁　尼野三絵
発行者　木内洋育
編集担当　真田聡一郎
発行所　株式会社 旬報社
〒162-0041 東京都新宿区早稲田鶴巻町544 中川ビル4階
TEL 03-5579-8973 FAX 03-5579-8975
ホームページ http://www.junposha.com/
印刷・製本　シナノ印刷 株式会社

ISBN978-4-8451-1556-3 C0036